Silke Hubrig
Intergenerative Pädagogik in Kindertagesstätten

Silke Hubrig

Intergenerative Pädagogik in Kindertagesstätten

BELTZ JUVENTA

Die Autorin

Silke Hubrig ist Erzieherin und Lehrerin für Sozialpädagogik/Sport. Sie unterrichtet an einer Berufsschule in Bremen und ist Autorin zahlreicher Fachbücher und -aufsätze.

MIX
Papier aus verantwortungsvollen Quellen
FSC® C089473

Dieses Buch ist erhältlich als:
ISBN 978-3-7799-7682-0 Print
ISBN 978-3-7799-7683-7 E-Book (PDF)
ISBN 978-3-7799-8079-7 E-Book (ePub)

1. Auflage 2024

Herstellung: Hanna Sachs
Satz: text plus form, Dresden
Druck und Bindung: Beltz Grafische Betriebe, Bad Langensalza
Beltz Grafische Betriebe ist ein klimaneutrales Unternehmen (ID 15985-2104-100)
Printed in Germany

Weitere Informationen zu unseren Autor:innen und Titeln finden Sie unter: www.beltz.de

Inhalt

1. Einleitung

Bis vor wenigen Jahrzehnten war die Begegnung zwischen Kindern und alten Menschen innerhalb der Familie ganz selbstverständlich. Oft wohnten drei Generationen unter einem Dach. Heutzutage hat jede Generation eigene Lebensbereiche, die nicht alltäglich miteinander verbunden sind. Diese Entmischung wird besonders in den Einrichtungen für Kinder (Kita) und alten Menschen (Tagesstätte, Altenpflegeeinrichtung) deutlich.

Die Integrative Pädagogik zielt darauf ab, Beziehungen zwischen Kindern und alten Menschen herzustellen. Interaktive Begegnungen werden ermöglicht bzw. gemeinsam Aktivitäten durchgeführt. Davon profitieren sowohl die Kinder als auch die alten Menschen. Beispielsweise lassen sich alte Menschen von der kindlichen Lebensfreude anstecken. Wenn Kinder da sind, findet nahezu automatisch eine Aktivierung der älteren Menschen statt. Die Kinder wiederum können neue Lieder und Geschichten aus alten Zeiten kennenlernen oder sie haben möglicherweise einen Menschen, der ihnen geduldig wieder und wieder dasselbe Bilderbuch vorliest. Bei den Kontakten zwischen den Generationen geht es darum, miteinander etwas zu machen und im Austausch zu sein. Die Art und Weise der Planung und Durchführung gemeinsamer Angebote hebt sich deutlich von einem „Nebeneinanderagieren" ab. Dieses findet beispielsweise statt, wenn die Kinder einmal im Jahr den Bewohner:innen eines Seniorenheimes ein Weihnachtslied vorsingen. Dahinter steckt zwar ein lobenswerter Gedanke, doch fehlt dabei das kontinuierliche Miteinander. Emotionale Beziehungen brauchen Zeit, und Kennenlernen setzt ein gemeinsames Thema voraus.

In diesem Buch geht es darum, wie Kita-Gruppen mit Bewohner:innen eines Seniorenheimes[1] in einen regelmäßigen Kontakt treten können. Es wird aufgezeigt, wie kontinuierliche Treffen inhaltlich gestaltet werden können.

1 Der Begriff „Seniorenheim" – der alle Senior:innen einschließt – steht hier als Überbegriff für verschiedene Senioreneinrichtungen mit unterschiedlichen Schwerpunkten. Dazu zählen Altenheime (Synonym: Altersheime; Fokus auf dem sozialen Aspekt/Gemeinschaft), Pflegeheime (umfassende Pflegeaufwendungen), ebenso wie betreute Wohngemeinschaften/-anlagen. Auch eine Kontaktaufnahme zwischen Kindertageseinrichtung und zuhause betreuten Senior:innen oder solchen, die sich in Tagespflege befinden, ist denkbar, gestaltet sich aufgrund der fehlenden Einrichtungsstrukturen aber ggf. schwieriger.

Hier geht es insbesondere um Ideen für gemeinsamen Spiele, Bewegung, musische und kreative Angebote. Darüber hinaus werden weitere Aktivitäten mit Kindern und älteren Menschen exemplarisch vorgestellt, die für beide Generationen passend sein können. Selbstverständlich hängt der konkrete Inhalt eines geplanten Treffens immer von den Bedürfnissen und Interessen der teilnehmenden Bewohner:innen und Kinder ab. Die Ideen sind damit nicht als Rezepte zu verstehen, sondern als Impulse, die entsprechend der Zielgruppe verändert werden können. So können auch alle Ideen für weitere Senior:innengruppen verändert werden, die sich zur Zusammenarbeit anbieten. Dieses könnte zum Beispiel eine Gruppe aus dem Freizeitbereich der Kirche oder eines Nachbarschaftszentrums sein.

Intergenerative Pädagogik kann von pädagogischen Fachkräften der Kita nicht alleine umgesetzt werden. Eine gut funktionierende Kooperation mit einer Alteneinrichtung ist unerlässlich. Während die pädagogischen Fachkräfte der Kita die Spezialist:innen für die Bedürfnisse, Interessen und Möglichkeiten der Kinder sind, so sind die Fachkräfte der Altenpflege Profis, wenn es um die Bedürfnisse und Möglichkeiten der alten Menschen geht. Eine Kooperation der beiden Fachrichtungen ist notwendig, wenn sowohl für Kinder, als auch für alte Menschen Angebote geplant und durchgeführt werden, die ihren Lebenssituationen, Fähigkeiten und Kompetenzen entsprechen.

Neben regelmäßigen Treffen bietet es sich an, gemeinsam zu feiern. Feier zu Fasching, Weihnachten etc. finden sowohl in Kitas als auch in Seniorenheimen statt.

Ziel der intergenerativen Pädagogik soll der Aufbau längerfristiger, emotionaler Beziehungen zwischen den Generationen sein. So kann das Leben aller Beteiligten von den Begegnungen bereichert werden.

2. Wissenswertes vorab: Was bedeutet Intergenerative Pädagogik?

Der Begriff „intergenerativ“ meint *generationsübergreifend.* Unter intergenerativer Pädagogik in der Kita wird eine Pädagogik verstanden, die Begegnungen zwischen den Kindern und Bewohner:innen ermöglicht und fördert. Die Generationen sollen sich kennenlernen, ein Verständnis füreinander entwickeln – und damit die gesellschaftliche Kluft zwischen den Genrationen verringern. Sowohl Kinder, als auch Senior:innen sollen von dem Kennenlernen der anderen Lebenswelt profitieren können.

2.1 Welchen Kontakt haben Kinder und alte Menschen heutzutage?

Vor einigen Jahren war der Austausch der Generationen noch alltäglicher als heute. Insbesondere in ländlichen Gegenden wohnten Kinder mit den Großeltern in einem Haus zusammen. Die unterschiedlichen Generationen hatten im Alltag mehr Berührungspunkte.

Heute sind junge Kinder und alte Menschen oftmals in speziellen Einrichtungen, wie Kita und Seniorenheim. Der Kontakt hat sich verändert. Enkel und Großeltern wohnen öfter in unterschiedlichen Städten oder auch in ganz anderen Ländern. Insbesondere Migrant:innen haben ihre Großeltern oftmals in einem anderen Land.

Nichtsdestotrotz wohnen aber auch noch immer viele Enkel in der Nähe der Großeltern. Lediglich jedes fünfte Kind in Deutschland wohnt mehr als eine Stunde Fahrzeit von seinen Großeltern entfernt (vgl. Gerlitz 2019). Jedes zweite Kind, das noch nicht in der Schule ist, wird zusätzlich zu Krippe und Kita auch von den Großeltern betreut (vgl. dpa-infocom 2020).

2.2 Weshalb intergenerative Pädagogik in der Kita sinnvoll ist

Nicht alle Kinder haben Großeltern – und nicht als Senior:innen haben Enkelkinder. Und falls sie diese doch haben, so ist der Kontakt nicht immer selbstverständlich und nicht alltäglich. Die Zusammenarbeit zwischen Kita und Einrichtungen für Senior:innen oder Altenpflegeeinrichtungen können die Lebenswelten der Generationen miteinander verbinden. Pädagogische Fachkräfte aus Kita und Altenpflegeeinrichtungen können Räume und Situationen für Begegnungen und Aktivitäten schaffen, die den Kindern und Bewohner:innen entsprechen.

Kinder lernen Menschen kennen, die in ihren Fähigkeiten teilweise eingeschränkt sind. So lernen sie beispielsweise, dass ein älterer Mensch oft schlechter hört als ein jüngerer Mensch und deshalb eine lautere Ansprache benötigt. Sie erleben, dass Bewegungen langsamer vonstattengehen und ein älterer Mensch somit möglicherweise mehr Zeit benötigt, um eine Wegstrecke zurückzulegen oder von einem Stuhl auf einen anderen zu wechseln. Dennoch können Kinder viel von Älteren lernen, etwa den Bewohner:innen eines Seniorenheimes – beispielsweise Lieder, Reime oder Geschichten. Schließlich gibt es in jeder Kultur Lieder und kleine Geschichten, die von Generation zu Generation weitergegeben werden.

Der regelmäßige Kontakt zu alten Menschen zeigt den Kindern, dass Altwerden und Altsein zum Leben gehören. So können Hemmschwellen gegenüber alten Menschen abgebaut werden, etwa, wenn sie körperliche Besonderheiten aufweisen (z. B. Skoliose).

Der Kontakt kann Berührungsängste abbauen und den Kindern ein Gefühl für altersspezifische Veränderungen, wie etwa Hörgeräte, eine Gehhilfe oder Haarausfall, vermitteln. So können Kinder lernen, Rücksicht zu nehmen, ebenso wie Verantwortungsbewusstsein, Hilfsbereitschaft und Höflichkeit. Im Gegenzug erhalten sie Anerkennung für ihr Wirken. So freuen sich beispielsweise die alten Menschen und klatschen im Takt der Musik, wenn die Kinder bei einem Besuch im Pflegeheim für sie tanzen. Sie fühlen sich gesehen und wertgeschätzt. Zusätzlich sorgt der oft langsamere Ablauf zu einer angenehmen Entschleunigung im oftmals stressigen Kinderalltag zwischen Kita und Freizeitterminen.

Viele dieser Aspekte gelten auch für ältere Menschen: Auch sie fühlen sich gesehen und wertgeschätzt. Sie lernen die Lebenswelt der Kinder kennen und nehmen die Spontanität, Lebensfreude und Neugierde der Kinder auf. Sie können ihre Erfahrung und ihr Wissen an Kinder weitergeben, z. B. durch Erzählungen oder das Vorlesen eines Buches. Durch gemeinsame Aktivitäten mit den Kindern, trainieren die älteren Menschen ihre eigenen Fähigkeiten. Vielleicht entdecken sie dabei auch Kindliches wieder. Zudem haben sie Abwechslung in ihrem Alltag. Gerade für Menschen, die wenig oder keinen Besuch bekommen in der Alteneinrichtung, ist der Kontakt zu Menschen außerhalb der Einrichtung wichtig. Kinder bringen „frischen Wind" ins Haus und neue Themen. Ältere Menschen werden von Kindern möglicherweise einmal ganz anders wahrgenommen und behandelt. So ist beispielsweise ein Kind ganz beeindruckt von der schönen, alten, weichen Haut und streichelt eine Seniorin immer wieder über den Handrücken.

Kinder regen ältere Menschen dazu an, sich schnell auf neue Situationen einzustellen. Sie werden aufgefordert, sich ungewöhnliche Fragen zu stellen, wie etwa „Warum haben Hunde eigentlich vier Beine?" Das hält auch geistig fit. Auch mit zeitgemäßen Erziehungsfragen können sich ältere Menschen auseinandersetzen, wenn sie mit Kindern zu tun haben, etwa:

- „Wieso müssen Kinder nicht alles aufessen, was auf dem Teller liegt? Das hätte es bei uns als Kind nicht gegeben."
- „Wieso ist das Schlagen heutzutage verboten? Im Notfall kann es auch mal helfen, oder?"

Um ein hohes Maß an Gesundheit zu erhalten, gehören insbesondere eine ausgewogene Ernährung, moderate Bewegung, geistiges Gefordertwerden und soziale Kontakte bzw. die Teilhabe am gesellschaftlichen Leben. All diese Faktoren werden durch die regelmäßigen Begegnungen und Aktivitäten mit Kindern unterstützt. Nicht zu unterschätzen ist dabei die Lebensfreude, die von den Kindern ausgeht und der geistigen Gesundheit guttut.

2.3 Vorurteile gegenüber alten Menschen

Gesellschaftlich wird Altwerden bzw. Altsein allzu oft negativ bewertet. Bezeichnungen wie „Alte Schachtel" oder „Alte Hexe" sind zumeist despektierlich gemeint. Altsein wird mit körperlichem und geistigem Verfall in Verbindung gebracht. Untersuchungen zeigten, dass das Wort „alt" unwillentlich negative Assoziationen bei Menschen in der bundesrepublikanischen Gesellschaft hervorruft, selbst bei alten Menschen (vgl. www.bpb.de). Mittlerweile spricht man aufgrund der negativen Stereotype, Vorurteile und damit auch Handlungsweisen gegenüber alten Menschen von Altersdiskriminierung („Ageism"). Die Weltgesundheitsorganisation (WHO) hat in einem Bericht über Altersdiskriminierung verdeutlicht, dass die Diskriminierung, Kritik und Verachtung gegenüber alten Menschen stetig zunimmt (vgl. http://www.aerzteblatt.de/nachrichten/122176/WHO-Jeder-zweite-Erwachsene-voreingenommen-gegen-aeltere-Menschen). Leider werden die Stärken, die Lebenserfahrungen und das im Leben angeeignete Wissen älterer Menschen gesellschaftlich sehr wenig beachtet und wertgeschätzt.

Impulsfragen

- Welche Gedanken verbinden Sie mit „Altsein"?
- Mit welchen alten Menschen hatten Sie in Ihrer Kindheit zu tun? Beschreiben Sie Ihre Erinnerungen an diese Beziehungen.
- Mit welchen alten Menschen haben Sie gegenwärtig zu tun? Beschreiben Sie die Beziehungen.
- Welche Stärken fallen Ihnen insbesondere bei alten Menschen auf?
- Was konnten Sie in Ihrem Leben bisher insbesondere von alten Menschen lernen? Welche Lebenserfahrungen konnten Sie Ihnen weitergeben?
- Wie möchten Sie gerne leben, wenn Sie alt sind?

3. Integrative Pädagogik in der Praxis

Um interessierte Menschen zu finden, die Lust und Zeit haben, mit Kita-Kindern stundenweise ihre Zeit zu verbringen und gemeinsam aktiv zu sein, gibt es mehrere Möglichkeiten. Grundsätzlich sollten die Menschen in der Nähe der Kita wohnen, sodass ein Treffen im Kita-Alltag, inklusive Hin- und Rückweg, unkompliziert und realistisch ist. Hier lohnt sich ein Blick ins Internet: Welche Wohnmöglichkeiten, Altenpflegeeinrichtungen, Tagesstätten für ältere Menschen, betreutes Wohnen für alte Menschen, Treffpunkte für Senior:innen (wie etwa in einer Kirchengemeinde) gibt es in unmittelbarer Umgebung der Kita? In der Regel haben Seniorenheime oder Altenwohneinrichtungen mindestens einen Sozialdienst, also eine pädagogische Fachkraft, die sich u.a. um Freizeitangebote für die Bewohner:innen kümmert. Mit der Einrichtungsleitung bzw. dem Sozialdienst sollte zunächst ein Termin vereinbart werden, um über Möglichkeiten der Zusammenarbeit zu sprechen. Hier kann der Rahmen gesteckt werden.

Zu klären sind insbesondere:

- Soll es ein offenes Angebot sein oder eine feste Gruppe? Bei einer langfristigen Zusammenarbeit, sollte eine feste Gruppe gebildet werden. Die Kontinuität der Kontakte ermöglicht erst intensive Beziehungen.
- Wie groß soll die Gruppe insgesamt sein?
- Wie soll der zeitliche Rahmen gestaltet werden (z.B. ein fester Tag in der Woche)?
  - Wie lange soll ein Treffen dauern (z.B. eine Stunde)?
  - Welche Zeitfenster bieten sich in der Einrichtung und in der Kita an?
- In welchem Raum sollen die Treffen stattfinden (z.B. im Gemeinschaftsraum)?
- Wie kann der erste Kontakt gestaltet werden?
- Wie werden die alten Menschen und die Kinder auf das erste Treffen vorbereitet? (Einladung an die Gruppe? Ankündigungsplakat und/oder Flyer im Seniorenheim? Direkte Ansprache bestimmter Menschen durch den Sozialdienst?)

Grundsätzlich gilt bei der didaktischen Planung und Durchführung aller gemeinsamen Aktivitäten:

Einfach nur etwas zusammen zu unternehmen, ist kein Qualitätsmerkmal. Das führt oft zu einem Nebeneinander- anstatt Miteinanderagieren. Es ist wichtig zu berücksichtigen, dass sich alle Beteiligten bei den geplanten Aktivitäten einbringen können. Die alten und jungen Menschen sind gleichwertig, und ein gemeinsames Interesse an einem Thema führt zu einem gemeinsamen Handeln. Es gilt, die Themen der Beteiligten herauszufinden, die sie gemeinsam haben. Meist gibt es mehr Überschneidungspunkte als man auf den ersten Blick denkt.

3.1 Ageism und Adultismus: Fachkräfte müssen sensibel vorgehen

Eine Diskriminierung aufgrund des jungen Alters von Kindern nennt man *Adultismus,* und die Diskriminierung alter Menschen aufgrund ihres hohen Alters wird als heißt *Ageismus* bezeichnet. Pädagogische Fachkräfte stehen bei der Arbeit mit Kindern und mit alten Menschen vor der Herausforderung, niemanden aufgrund seines Jungseins oder Altseins (unbewusst) zu diskriminieren. So wie Erwachsene Kindern gegenüber nicht selten ihre Macht missbrauchen (indem sie beispielsweise dem Kind ungefragt am Po riechen, ob die Windel vielleicht voll ist oder das Kind zwingen, seinen Teller leer zu essen), so werden auch alte Menschen von Erwachsenen mittleren Alters oftmals entmündigend behandelt und „nicht ernst genommen". Menschen mittleren Alters setzen sich manchmal über die Bedürfnisse der Kinder oder alten Menschen hinweg. Hier müssen Fachkräfte sehr sensibel sein und ihre eigenen Denkweisen und Verhaltensweisen reflektieren. Für Kinder und für die alten Menschen besteht beispielsweise niemals ein Zwang, bei den Aktivitäten mitzumachen – auch, wenn eine Teilnahme aus pädagogischer Sicht wünschenswert wäre. Wer zuschaut, ist auch dabei! Manchen Menschen gibt es Sicherheit, wenn sie zunächst sehen, was auf sie zukommt. Wenn sie möchten, können sie jederzeit einsteigen. Nicht nur die Bedürfnisse von Kindern und von alten Menschen werden oft übergangen, sondern auch ihre Meinungen und ihre Sicht auf die Welt oftmals „abgetan" und nicht ernst genommen.

Sowohl Kinder als auch alte Menschen werden mit Kosenamen, wie „Mäuschen" oder „Schatzi" angesprochen und damit abgewertet. Das darf in der pädagogischen Praxis nicht passieren. Auch, dass Kinder die alten Menschen als Oma oder Opa bezeichnen, sollte nicht erlaubt sein. Schließlich ist vermutlich keiner der Anwesenden die Oma oder der Opa eines Kind aus der Gruppe –

und die Generalisierung, dass alle alten Menschen auf Großelternschaft reduziert werden, ist eine Beleidigung.

3.2 Rituale schaffen Orientierung

Die gemeinsamen Zeiten von Kindern und Bewohner:innen des Seniorenheimes sollten von Ritualen flankiert werden. Diese schaffen sowohl den Kindern als auch den Bewohner:innen eine Orientierung, Struktur und damit eine Sicherheit. Unsicherheit und Ängste können durch die Rituale minimiert werden. Gemeinsame Rituale geben allen Teilnehmenden das Gefühl, ein Teil der Gruppe zu sein – also ein sehr positives Gefühl der Zugehörigkeit. Dafür müssen Rituale selbstverständlich so gestaltet sein, dass alle sie mühelos durchführen können. Rituale für gemeinsame Treffen könnten zu Beginn und zum Ende des Treffens durchgeführt werden, wie etwa ein bestimmtes Lied oder ein sich wiederholender Vers.

Beispielaktivitäten[2]

Anfangslied: „Hey, was für eine schöne Zeit!"

(zur Melodie: „Kein schöner Land in dieser Zeit")
Hey, was für eine schöne Zeit!
So viele Menschen weit und breit
wir woll'n was machen – und dabei lachen –
mit zur Mittagszeit!
wir woll'n was machen – und dabei lachen –
mit zur Mittagszeit!

2 Viele der aufgeführten Lieder, Singspiele und Reime sind den Senior:innen bekannt und gerade deshalb geeignet für gemeinsame Treffen mit den Kindern (die bei älteren Menschen unter Umständen zunächst mit Unsicherheiten verbunden sind).

Anfangsvers mit Bewegung

Zunächst wird diese kurze Bewegungsabfolge eingeübt. Nach und nach kann das Tempo gesteigert werden. Anschließend wird der Vers dazu gesagt.

Mit den Händen zweimal auf die Oberschenkel klopfen.	*Wir sind*
Zweimal in die Hände klatschen.	*Alle*
Mit den Fingern zweimal auf die Schulter tippen.	*Wieder*
Hände auf den Kopf legen.	*da*
(jede/r so, wie es körperlich möglich ist) Arme dreimal nacheinander nach oben strecken.	*Hurra! Hurra! Hurra! (laut rufen)*

Abschlusslied/-vers: Wer hat an der Uhr gedreht?

(nach der Melodie von „Paulchen Panther")

Wer hat an der Uhr gedreht?

Ist es wirklich schon so spät?

Stimmt es, stimmt es, dass es sein muss?

Ist für heute wirklich Schluss?

Danach folgt der Vers:

Heute ist nicht alle Tage! Wir sehen uns wieder! Keine Frage! Tschüss!

Abschlussvers mit Bewegung

Tschüss! Mach's gut! Auf Wiedersehen!	winken
Das Treffen heut' war wunderschön.	winken
Wir klatschen in die Hände.	In die Hände klatschen.
Das Treffen ist zu Ende.	In die Hände klatschen.
Wir stampfen mit dem einen Fuß.	Mit einem Fuß mehrfach aufstampfen.
Wir stampfen mit dem anderen Fuß.	Mit dem anderen Fuß mehrfach aufstampfen.
Und jetzt ist Schluss.	Mit beiden Füßen zusammen mehrfach aufstampfen.

3.3 Mögliche gesundheitliche Einschränkungen alter Menschen bei gemeinsamen Aktivitäten

Bei der Planung und Durchführung gemeinsamer Treffen, ist zu berücksichtigen, welche Fähigkeiten und Kompetenzen die alten Menschen haben. Insgesamt nimmt die Wahrnehmungsschwelle bei alten Menschen ab. So haben Bewohner:innen in der Regel eine Brille, weil die Sehfähigkeit schlechter wird. Bei Ballspielen muss hier beispielsweise darauf geachtet werden, dass die Brille nicht beschädigt wird.

Viele alte Menschen hören schlechter als früher. Bei gemeinsamen Aktivitäten sollte berücksichtigt werden, dass die Menschen nicht so gut hören, insbesondere wenn die Hintergrundgeräusche (wie in einem normalen Kindergruppenalltag) laut sind.

Auch die motorische Fähigkeit, das Gleichgewicht halten zu können, nimmt mit zunehmendem Alter ab. Deshalb müssen Sturzgefahren möglichst vermieden werden. Eine Sturzgefahr kann beispielsweise auch dann bestehen, wenn ein Mensch einem heranfahrenden Kind auf dem Dreirad ausweichen muss.

Viele ältere Menschen bekommen durch Arthrose in den Gelenken Schmerzen, wenn sie sehr aktiv sind. Hier sollten die Fachkräfte des Seniorenheims darauf achten, dass Betroffene es im „Eifer" nicht übertreiben mit der Aktivität. Bei hoher körperlicher Aktivität sinkt auch der Blutzuckerspiegel. Menschen, die an Diabetes mellitus erkrankt sind, müssen aufpassen (bzw. die Fachkräfte sollten ebenso darauf achten), dass bei Anzeichen einer Unterzuckerung, Lebensmittel zur Zuckerzufuhr vor Ort sind.

Menschen, die einen Schlaganfall oder einen Herzinfarkt hatten, müssen oftmals Medikamente einnehmen, welche die Blutgerinnung verlangsamen. Bei Stürzen, Verletzungen und Blutungen muss hier ganz besonders aufgepasst werden, weil verheerende Folgeverletzungen entstehen können (vgl. Reiter 2012, S. 25).

Menschen mit Demenzerkrankungen

Viele alte, vor allem hochbetagte Menschen sind von einer Demenzerkrankung betroffen; in Deutschland waren es im Jahr 2022 ca. 1,8 Millionen (vgl. Deutsche Alzheimer Gesellschaft e. V. 2022).

Demenz ist ein Oberbegriff für bestimmte Erkrankungen, die immer mit einer Verschlechterung der Denkfähigkeit einhergeht. Kennzeichnend für eine

Demenz sind beispielsweise, dass der Mensch sich Dinge nicht gut merken kann und mehr und mehr vergisst. Das Kurzzeitgedächtnis ist vor allem bei Demenz in Mitleidenschaft gezogen. Wenn der/die Betroffene auch Wörter vergisst, kann ihm das Sprechen schwerer fallen. Der Mensch verliert häufiger die räumliche oder zeitliche Orientierung. Denkaufgaben fallen ihm besonders schwer. Eine Demenzerkrankung bringt auch psychische Veränderungen und Verhaltensveränderungen mit sich. Es kommt häufig vor, dass demente Menschen aggressiv, euphorisch, hemmungslos, apathisch, unruhig mit einem starken Bewegungsdrang, depressiv oder ängstlich sind. Diese Extreme sind je nach Form der Demenz unterschiedlich stark ausgeprägt (vgl. Stiftung Gesundheit 2022).

Durch ungewohnte oder unerwartete Reaktionen der Demenzerkrankten ist der Umgang mit ihnen nicht immer leicht. Wenn allerdings ein paar Aspekte beherzigt werden, wird es für beide Seiten einfacher. So sollte man sich grundsätzlich vor Augen führen, dass das, was ein dementer Mensch sagt und tut (auch wenn es für andere verrückt oder merkwürdig erscheinen mag) durchaus einen Sinn ergibt. Es ist für Demenzkranke nicht immer möglich, Gegenwart und Vergangenheit voneinander abzugrenzen. Deshalb gerät hier einiges durcheinander. Reaktionsweisen können nachvollziehbarer werden, wenn wir etwas über das Leben des dementen Menschen wissen. Es macht wenig Sinn, demente Menschen zu korrigieren, wenn sie etwas durcheinanderbringen. Denn für sie ist das Gesagte, das Getane in dem Moment wahr. Eine Diskussion anzufangen, wäre kontraproduktiv. Auch ungerechte Anschuldigungen, wie „Die hat mich ganz komisch angeguckt. Sie will mich wieder beklauen!" müssen nicht verteidigt oder besprochen werden.

Mit Demenzerkrankten sollte man in möglichst einfachen, klaren Sätzen sprechen. Viele Informationen in einem Satz können verwirrend sein. Eine langsame, deutliche Aussprache macht es dem Gegenüber leichter, Inhalte aufzunehmen. Die verbale Sprache sollte durch eine eindeutige Körpersprache, Mimik und Gestik unterstützt werden.

Für Demenzkranke sind komplexe Fragen oftmals überfordernd. Anders als bei Kindern, bei denen offene Fragen zur Sprachanregung bevorzugt werden, sollten Menschen mit einer Demenzerkrankung geschlossenen Fragen gestellt werden, auf die sie mit „Ja" oder „Nein" antworten können: „Scheint heute die Sonne schön?", anstelle von „Wie ist das Wetter heute?" Einfach sollten auch Wahlmöglichkeiten gehalten werden, z. B. „Möchten Sie die gelbe oder die grüne Farbe?", anstelle von „Welche Farbe möchten Sie?"

Im Gespräch oder bei Fragen ist stets zu beachten, dass demente Menschen möglicherweise erst nach den richtigen Worten suchen müssen, d. h. Sie brauchen manchmal mehr Zeit als gewöhnlich zum Antworten (vgl. Jedermann-Gruppe o. J.).

Der Umgang mit dementen Menschen stellt eine besondere Herausforderung für Kinder dar, die im Vorschulalter manchmal sehr auf „die Wahrheit“ und das Anpassen an Regeln bestehen. Sind demente Menschen bei den gemeinsamen Treffen dabei, sollten die Kinder über Demenz aufgeklärt werden. So haben sie die Chance, irritierende Verhaltensweisen und Reaktionen der Menschen angemessen(er) einordnen zu können. Das kann Unsicherheiten auflösen. Bilderbücher sind ein gutes Medium, um kindgerecht über das Thema „Demenz“ aufzuklären.

Beispiellektüre

- Hofer-Weber, K. (2022): Anna mag Oma und Oma mag Äpfel: Ein feinfühliges Bilderbuch über Demenz. Münster: Bohem Press.

Annas Oma wohnt im Seniorenheim und ist an Demenz erkrankt. Anna ist irritiert von den Verhaltensweisen ihrer Oma, die früher ganz anders waren. Annas Eltern erklären Anna sehr schön, was es mit Demenz auf sich hat.

- John, K. (2018): Opa Rainer weiß nicht mehr: Ein einfühlsames Bilderbuch zu den Themen Alzheimer und Demenz in der Familie. München: Knesebeck.

Mias Opa erkrankt an Demenz. Mia stellt verwundert fest, dass ihr Opa ganz vergesslich wird und viele Abläufe plötzlich nicht mehr weiß, beispielsweise, wie er sich ein Unterhemd anzieht. Mia lernt, mit der Demenz des Opas umzugehen und kann ihn sogar hilfreich unterstützen, um im Alltag wieder besser zurechtzukommen.

- Kuhn, C. (2021): Oma Luise und die Schmetterlinge. Ein Kinderfachbuch über Demenz. Frankfurt am Main: Mabuse.

Mit Bildergeschichten von Karla und ihrer Oma Luise wird in diesem Buch die Krankheit Demenz thematisiert. Dabei richtet sich die Geschichte mit integrierten Fragen direkt an die Kinder und eignen sich damit als Gesprächsanlässe. Daneben gibt es einen Teil im Buch, der fachliche Informationen zu Demenz bereitstellt.

3.4 Erziehungsmethoden im Wandel der Zeit

Kindheit hat sich in den letzten Jahrzehnten massiv verändert. Während es in den 1950er und -60er Jahren üblich war, dass Kinder zur Strafe für unangepasstes Verhalten geschlagen wurden, so ist dies heutzutage glücklicherweise gesetzlich verboten. Einhergehend mit dem Wandel gesellschaftlicher und familiärer Werte, hat sich die Auffassung darüber, was gute Erziehung ist, vollständig gewandelt. Allerdings wuchsen die meisten Älteren noch unter anderen Bedingungen auf, einige gar zu Zeiten des Nationalsozialismus, in denen Mütter dazu angehalten waren, ihre Kinder zu Sauberkeit, Zucht und Ordnung, Fremdbestimmung, Gehorsam und Abhärtung zu erziehen (Berger 2020). Die Entwicklung zum heute vorherrschenden demokratischen Erziehungsstil dauerte Jahrzehnte.

Menschen, die am Ende des zweiten Weltkrieges geboren wurden und aufwuchsen, erlebten also möglicherweise noch einen Erziehungsstil, der von Härte und Anpassung geprägt war, am eigenen Leibe. Vielleicht gibt es unter den jüngeren Großeltern von Kita-Kindern aber auch den oder die eine:n oder andere:n, die in einem der Kinderläden die antiautoritäre Erziehung kennenlernte.

„Ein Junge mit langen Haaren! Wo gibt es denn so etwas?"

Zurzeit sind Jungen mit langen Haaren keine Seltenheit mehr. Auch Geschlechterrollenbilder ändern sich im Laufe der Zeit. Viele Menschen, die heute alt sind, wuchsen mit der Vorstellung auf, dass lange Haare bei Jungen und Männern ein Zeichen für Unangepasstheit sind.

Manche sind irritiert, wenn sie merken, dass es sich bei dem Kind mit dem geflochtenen Zopf um einen Jungen handelt. Hier können die Fachkräfte mit den älteren Menschen ins Gespräch kommen: „Das ist ja spannend! Stimmt, in Ihrer Jugendzeit hatten nur die Mädchen lange Haare. Das ist heute anders." Selbstverständlich gibt es auch viele aufgeschlossene alte Menschen, die neue Trends interessant finden und sich mit den Kindern freuen, dass diese heute mehr Wahlmöglichkeiten (auch in Bezug auf Frisuren) haben als zu ihrer Kinderzeit. Auch Mädchen mit einer Kurzhaarfrisur werden aufgrund ihrer Haarlänge von anderen Menschen als Junge eingestuft und die Mitmenschen sind irritiert, wenn sie es mit einem Mädchen zu tun haben. Die Geschlechterrollenbilder können auch bei der Spielzeugwahl irritierend sein, wenn beispielsweise ein Junge den Puppenwagen durch den Gruppenraum schiebt.

4. Kinder vorbereiten: Einstimmungsaktivitäten zum Thema „alte Menschen“

Bevor die Kinder in das Seniorenheim zu einem ersten Treffen gehen, bietet es sich an, ein Projekt zum Thema „Alter“ oder „Alte Menschen“ durchzuführen. Im Folgenden werden einige Aktivitäten vorgestellt.

Beispielaktivitäten

Was haben alte Menschen gespielt, als sie Kinder waren?

Alter: ab vier Jahren
Anzahl der Teilnehmer:innen: drei bis vier Kinder
Ort: Sitzkreis
Materialien: (Bilder-)Buch zum Thema
Vorbereitung: –

So wird es gemacht:
Die pädagogische Fachkraft stimmt die Kinder auf das Thema ein: „Als eure Oma oder euer Opa ein Kind waren“. Haben sie als Kind auch gespielt? Womit haben sie gespielt? Was gab es überhaupt für Spielzeug?

Vielleicht wissen einige Kinder so etwas durch ihre Großeltern und erzählen davon.

Ergänzend dazu betrachten die Kinder gemeinsam die Bilder im Buch. Die Fachkraft braucht den Text nicht vorzulesen. Die Bilder sollen zentral sein. Was ist auf den Bildern zu sehen? Wo spielen die Kinder? Was spielen sie? Mit welchem Spielzeug spielen sie? Worin bestehen die Unterschiede zum Spielen heute? Werden diese Sachen heute auch noch gespielt?

Mögliche Themen könnten aus dem Buch aufgegriffen werden, z. B.:

- Die Kinder haben sich viel Spielzeug selber gebaut, z. B. eine Wippe aus alten Brettern.

- Die Kinder waren oft ohne Erwachsene, mit vielen anderen Kindern zusammen. Sie spielten nicht auf Spielplätzen, sondern auf nicht bebauten Flächen oder der Straße.
- Gummitwist
- Murmelspiel
- Kartoffellauf
- Boxen
- Seilspringen
- Schaukelpferd
- Rollschuhe (keine Inlineskater)
- Kästchenhüpfen
- Puppe
- viel draußen
- …

Gummitwist

Info: Gummitwist wurde in Bayern „Gummihüpfen" genannt und in der DDR „Gummihopse" oder auch „Gummihuppe".

Alter: ab fünf Jahren
Anzahl der Teilnehmer:innen: ab drei Kindern
Ort: freie Fläche, drinnen oder draußen
Materialien: langes Hosengummi (ca. vier Meter)
Vorbereitung: Das Gummiband wird an den Enden fest zusammengebunden

So wird es gemacht:
Zwei Kinder stellen sich gegenüber mit den Füßen in das Gummiband, sodass es gespannt ist. Die Füße stehen hüftbreit auseinander und das Gummi ist dabei auf Knöchelhöhe.

Das dritte Kind hüpft eine bestimmte Reihenfolge zu einem bestimmten Vers.

Auf ei – nem	Seitlich neben das Gummiband stellen.
Gummi Gummi Berg	Dreimal rhythmisch auf der Stelle hüpfen.
steht ein	Den Fuß, der näher zum Gummiband ist, über das erste Band heben, sodass das Band zwischen den Beinen ist.

Gummi Gummi Zwerg	Dreimal rhythmisch auf der Stelle hüpfen.
kratzt sich am	Den anderen Fuß nachstellen, so dass Kind inmitten der beiden Gummibänder steht.
Gummi Gummi Kopf	Dreimal rhythmisch auf der Stelle hüpfen.
bindet den	Den Fuß über das andere Gummi heben, sodass das Band zwischen den Beinen ist.
Gummi Gummi Zopf	Dreimal rhythmisch auf der Stelle hüpfen.
winkt einem	Den anderen Fuß auch herüberheben, sodass das Kind wieder neben den Gummis steht – wie anfangs, nur diesmal auf der anderen Seite.
Gummi Gummi Zug	Dreimal rhythmisch auf der Stelle hüpfen und dabei winken.

Ist das Prinzip verstanden, wird die Gummibandhöhe verändert. In der zweiten Runde wird der Gummi um die Knie gespannt, in der dritten Runde um die Hüften.

Alle Kinder sprechen den Vers rhythmisch mit. Wenn das hüpfende Kind einen Fehler macht, wird gewechselt. Das heißt, dass es sich ins Gummi stellt und ein zweites Kind, das stand, nun hüpfen darf. Am Anfang allerdings ist es sinnvoller, wenn der Fehler zwar zur Kenntnis genommen wird, aber das Kind dennoch zu Ende springen kann.

Insbesondere ältere Kinder verinnerlichen den Vers und das Springen nach einiger Übungszeit. Hier können erschwerte Variationen angeboten werden:

- Das Tempo wird gesteigert.
- Das Gummiband wird nicht um beide Beine, sondern nur um eins gespannt.
- Zwei Kinder springen gemeinsam zur selben Zeit.

„Mecki" – der Held von gestern

Alter: ab drei Jahren
Anzahl der Teilnehmer:innen: beliebig
Ort: Sitzkreis
Materialien: Bilderbuch von Mecki (Zwischen 1952 und 1964 erschienen dreizehn „Mecki"-Bände im Esslinger Verlag.)

Hinweis: Viele Bücher, die sich in der Nachkriegszeit, als viele der aktuell älteren Menschen Kinder waren, großer Beliebtheit erfreuten, wirken heute befremdlich – sowohl im Hinblick auf Inhalte, als auch Cover oder Abbildungen im Innenteil. Deshalb ist die gründliche Auseinandersetzung, bevor die Kinder damit konfrontiert werden, wichtig. Rassistische und sexistische Inhalte sollten unbedingt durch die Buchauswahl vermieden werden. Nicht immer wird dies vollumfänglich möglich sein, denn leider finden sich in weiten Teilen der Kinderliteratur der Nachkriegszeit diskriminierende Textpassagen. Diese sollten entsprechend angepasst vorgelesen, beim Erzählen verändert oder zumindest kindgerecht thematisiert werden. Dies ist auch bei der „Mecki"-Reihe vonnöten. Titel wie etwa „Mecki bei den Eskimos" oder „Mecki bei den Indianern" könnten für manche Gruppen der Bevölkerung als despektierlich gewertet werden und sind deshalb heute nicht mehr tragbar.

Vorbereitung: Die pädagogische Fachkraft sollte sich mit einem der Bilderbücher vertraut machen und die Geschichte vorab lesen. Da die „Mecki"-Reihe sehr textlastig ist, erscheint es sinnvoll, das Bilderbuch nicht vollständig vorzulesen, sondern die Geschichte passend zu den Bildern zu erzählen. Zudem sollte sich die Fachkraft im Vorfeld überlegen, wie sie in nahezu allen „Mecki"-Büchern enthaltene sexistische und rassistische Inhalte, Klischees und Vorurteile kindgerecht kritisch thematisieren kann. Die Kinder sollen lernen, dass die Begriffe „Eskimo" und „Indianer" heutzutage nicht verwendet werden sollen – und warum. Klischeehafte Darstellungen von Männern und Frauen, Ureinwohner Amerikas oder Chinesen sollten mit den Kindern kritisch reflektiert werden. Hierzu muss sich die Fachkraft vorbereitend Gedanken machen. An welchen Stellen müssen die Kinder informiert werden? Wie kann das kindgerecht erläutert werden?

So wird es gemacht:

Einleitende Worte: Als heute alte Menschen jung waren, gab es noch keine Bücher mit Superhelden wie „Spiderman“ oder „Paw Patrol“. Es gab aber eine andere Figur: Den Igel Mecki. Mecki war seit den 1950er-Jahren eine Figur, die die Zeitschrift „Hörzu“ (die viele Menschen damals kauften) in jeder Ausgabe mit einer kleinen Bildergeschichte begleitete. Mecki war bei den Kindern sehr beliebt. Sie lasen gerne die Geschichten in der Zeitschrift oder in den Bilderbüchern. Es gab auch einen kleinen Film und die Mecki-Figuren zum Spielen. Und nicht nur das: Als Puppen gab es schnell auch Meckis Frau Micki und die gemeinsamen Kinder Macki und Mucki zu kaufen.

Die Fachkraft erzählt die Geschichte zu den Bildern.

Beispiele für Gesprächsimpulse zum Bilderbuch:

- Was magst du an Mecki?
- Was gefällt dir gut an Micki?
- Was spielen Macki und Mucki wohl gerne?
- Woran lassen sich Macki und Mucki unterscheiden? Sind es Jungen oder Mädchen? Woran soll man das erkennen?
- Was macht Micki? Und was macht Mecki? Steht die Mutter den ganzen Tag mit einer Schürze in der Küche und kümmert sich um Kinder und den Mann? Wie ist das in euren Familien? (Geschlechterrollenklischees reflektieren)
- Sehen Chinesen alle so aus, wie hier dargestellt? (Stereotype, Klischees und Vorurteile reflektieren)
- Wieso hat Mecki einen Flicken auf der Hose? Da ist wohl ein Loch in der Hose. Wieso kauft er sich nicht einfach schnell eine neue Hose? (über Lebensmittel- und Materialknappheit geprägte Zeit nachdenken)

Bilderbücher als Gesprächsimpuls zum Thema „Alte Menschen“

Bilderbücher geben den Kindern einen Einblick in die Welt alter Menschen. Wo leben sie? Wie leben sie? Was haben wir gemeinsam? Wo gibt es Unterschiede? Darüber hinaus bietet das dialogische Vorlesen mit den Kindern viele Möglichkeiten, über Themen, die die Kinder einbringen und vertiefen möchten, ins Gespräch zu kommen. So können Kinder meistens auch von den Erfahrungen, Gedanken und Fantasien über ihre eigenen Großeltern berichten.

Bilderbuch-Tipp zum Thema „Wo alte Menschen wohnen"

Scherf, A./Masaracchia, R./Wolter, H. (2014): Oma braucht uns – Das Kindersachbuch zum Thema Altwerden, häusliche Pflege und Generationen-Wohnen. Salzburg, Edition Riedenburg.

Mögliche Impulsfragen zum Buch:

- Wo wohnen eure (Ur-)Großeltern?
- Sind alte Menschen häufiger krank als junge Menschen?
- Wieso brauchen alte Menschen oftmals Hilfe von anderen?
- Wer kann alten Menschen gut helfen (z. B. die eigene Familie, Freundinnen und Freunde, Ehemann oder Ehefrau, eine Hauskrankenpflege, …)?

Beispiel-Bilderbuch

Eine Kita-Gruppe zu Besuch im Altersheim: Höfler, S./Weikert, C. (2022): Die Eroberung der Villa Herbstgold. Weinheim und Basel: Beltz & Gelberg.

Mögliche Impulsfragen:

- Was sehen die Kinder im Seniorenheim, was sie vorher noch nicht kannten?
- Habt ihr so etwas schon einmal gesehen (z. B. eine Beinprothese)?

Beispiel-Bilderbuch

Ein Junge verliert das unbehagliche Gefühl im Seniorenheim, wenn er seinen Opa besucht: Preuß, M. (2004): Paul und die seltsamen Leute im Seniorenheim. Oldenburg: Lappan.

Mögliche Impulsfragen:

- Wieso sind Paul die Menschen, die im Seniorenheim wohnen, etwas unheimlich?
- Was möchtet ihr die Menschen im Buch gerne fragen?

Für ältere Kinder ab fünf Jahren:

Beispiel-Bilderbuch: Wie ist es in einem Seniorenheim?: Demes, V./Loske, J./Graber-Dünow (2020): Jori, Urma und Herr Brause. Ein Kinderfachbuch über Seniorenheime. Frankfurt am Main: Mabuse.

Mögliche Impulsfragen:

- Wie gefällt es den Menschen im Seniorenheim?
- Was findet ihr gut an dem Seniorenheim?

- Welche Figur aus dem Buch würdet ihr einmal gerne in echt kennenlernen? Warum?

Beispiel-Bilderbuch

Ein Mädchen lernt den Beruf des Altenpflegers bei ihrem Opa zu Hause kennen: Zimmermann, S. (2015): Nina, Opa und Tim, der Altenpfleger. Langenargen: Papierfresserchens MTM-Verlag.

Mögliche Impulsfragen:
- Wieso hat Ninas Opa einen Pfleger zu Hause?
- Was macht der Pfleger?
- Wie geht es dem Opa damit?

„Meine Oma fährt im Hühnerstall Motorrad"

Alter: ab drei Jahren
Anzahl der Teilnehmer:innen: beliebig
Ort: Sitzkreis
Materialien: –
Vorbereitung: –

So wird es gemacht:
Text: unbekannt
Melodie: nach „Wir versaufen unser' Oma ihr klein Häuschen"

Die pädagogische Fachkraft leitet das Lied „Meine Oma fährt im Hühnerstall Motorrad" an.

Meine Oma fährt im Hühnerstall Motorrad, Motorrad, Motorrad
Meine Oma fährt im Hühnerstall Motorrad
Meine Oma ist 'ne ganz patente Frau.

Meine Oma hat im hohlen Zahn ein Radio, ein Radio, ein Radio
Meine Oma hat im hohlen Zahn ein Radio
Meine Oma ist 'ne ganz patente Frau.

Meine Oma hat 'nen Nachttopf mit Beleuchtung, mit Beleuchtung, mit Beleuchtung.
Meine Oma hat 'nen Nachttopf mit Beleuchtung
Meine Oma ist 'ne ganz patente Frau.

Meine Oma hat 'ne Glatze mit Geländer, mit Geländer, mit Geländer
Meine Oma hat 'ne Glatze mit Geländer
Meine Oma ist 'ne ganz patente Frau.
Quelle: Johannes Holzmeister (1958): Der Zündschlüssel. Ein Liederbuch für unterwegs. Boppard: Fidula Verlag 1958, S. 39. DVA: V 3/6534.

Im Laufe der Jahre wurden immer wieder verschiedene Strophen gedichtet und teilweise auch gedruckt (z. B. Vahle 1980). Nach mehrmaligem Wiederholen dürfen auch die Kinder neue Strophen kreieren. Sie überlegen, was ihre oder eine andere Oma, die sie kennen, wohl so macht – und gestalten daraus eine neue Strophe. Ggf. helfen die anderen Kinder und die Fachkraft, die Grundidee in die passende Versform zu bringen.

Beispiele:

- *Meine Oma, die schaut jeden Abend fernsehen …*
- *Meine Oma hat 'ne Brille nur zum Lesen …*
- *Meine Oma wohnt in Bayern und sagt „Grützi!"*

Es können auch Nonsense-Strophen erfunden werden.

Beispiele:

- *Meine Oma hat 'ne Katze, die kann fliegen …*
- *Meine Oma, die haut alle Bösewichte um …*
- *Meine Oma schläft mit den Füßen auf dem Kissen …*

Variation:
Die Kinder denken sich einfache Bewegungen zu jedem Vers aus, die alle Kinder mitmachen, etwa: *„Meine Oma hat 'ne Katze, die kann fliegen …"*: Alle Kinder „fliegen" in der Mitte des Kreises umher und suchen sich einen neuen Platz. Oder *„Meine Oma, die haut alle Bösewichte um …"*: Die Kinder stehen auf und machen Box-Bewegungen mit den Armen und Händen.

Was hat die 90-jährige Elfriede alles erlebt?

Alter: ab vier Jahren
Anzahl der Teilnehmer:innen: beliebig
Ort: Sitzkreis
Materialien: Handpuppe „Oma“
Vorbereitung: –

So wird es gemacht:
Der/die Erzieher:in stellt den Kindern die Handpuppe Elfriede vor und verwickelt sie in ein „Gespräch“:

Erzieher:in (zeigt die Handpuppe „Elfriede“): Das ist Elfriede. Sie ist schon älter, und sogar schon Oma.
Elfriede: Hallo, liebe Kinder.
Kinder: Hallo, Elfriede!
Elfriede: Was habt ihr gesagt? Ich höre nicht mehr so gut. Meine Ohren sind genauso alt wie ich. Bitte etwas lauter sprechen! Danke!
Erzieher:in (laut): Aber Elfriede, hast du dein Hörgerät nicht im Ohr?
Elfriede (schüttelt den Kopf): Das ist noch in meiner Tasche. Jetzt setze ich es ein. Dann höre ich prima! (Sie setzt das Hörgerät ins Ohr.) Jetzt ist es gut.
Erzieher:in: Wie alt bist du?
Elfriede: Wie alt bist du?
(Die Erzieher:in nennt ihr Alter.)
Elfriede: Ich bin älter als du. Ich bin 90 Jahre alt. Und wie alt sind die Kinder hier?
(Die Kinder verraten nacheinander ihr Alter.)
Elfriede: Wie viele Kinder seid ihr denn? Ich kann nicht so gut sehen? Meine Augen sind ja auch schon 90 Jahre alt.
Erzieher:in: Hast du deine Brille nicht dabei?
Elfriede: Ach ja! Die Brille ist noch in der Tasche!
(Die Fachkraft setzt der Puppe eine Brille auf.)
Elfriede: So viele Kinder seid ihr! Und so schön seht ihr aus! Wunderbar! Wisst ihr Kinder, ich habe schon 90-mal Geburtstag gehabt. Manche Geburtstage waren richtig super! Manche waren auch nicht so gut. Ich habe schon so viel erlebt. Ihr sicher auch, oder?
Erzieher:in: Stimmt. Deine Augen gucken schon 90 Jahre! Was hast du wohl alles schon gesehen?
Elfriede: Was meint ihr?

(Die Kinder äußern ihre Ideen: Himmel, bestimmte Filme, Wackelpudding, das Meer.)
Elfriede (beispielsweise; je nach Rückmeldung der Kinder): Wackelpudding? Ja! Den habe ich oft gesehen und dann auch gleich gegessen!
Erzieher:in: Was haben deine Ohren schon alles gehört?
(Die Kinder äußern ihre Ideen + Elfriede kommentiert.)
Erzieher:in: Was hat die Nase von Elfriede schon alles gerochen?
(Die Kinder antworten und die Puppe kommentiert.)
Erzieher:in: Wohin haben die Beine Elfriede schon überall hin getragen?
(Die Kinder antworten und die Puppe kommentiert.)
Erzieher:in: Was hat die Haut von Elfriede schon alles gefühlt?
(Die Kinder antworten und die Puppe kommentiert.)
Elfriede: Ja, liebe Kinder. Ich habe schon viel erlebt. Mein Körper hat schon viel erlebt und viel getan. Und je älter ich werde, desto mehr muss er sich bei manchen Sachen helfen lassen: Weil meine Augen nicht mehr so gut sehen können, habe ich eine Brille. Weil meine Ohren nicht mehr so gut hören, habe ich ein Hörgerät. Und wenn ich lange laufe, dann habe ich einen Stock. Auf dem kann ich mich abstützen. Toll, dass es diese Hilfsmittel gibt! Aber ich muss auch daran denken, sie immer dabei zu haben! Kinder wo ist denn jetzt meine Brille?
Kinder (rufen): Auf der Nase!
Elfriede: Ach ja, vielen Dank! Ich gehe jetzt wieder nach Hause. Es war schön bei euch! Sagt ihr mir Tschüss?
Kinder (rufen): Tschüss!

Wie ist das wohl, wen die Augen nicht mehr so gut sehen können?

Alter: ab vier Jahren
Anzahl der Teilnehmer:innen: drei Kinder – ganze Kindergartengruppe
Ort: Gruppenraum
Materialien: 2 Brillen hoher Dioptriezahl
Vorbereitung: –

So wird es gemacht:
Wie ist das wohl, wenn man alt ist und nicht mehr so gut gucken kann wie früher?

Die Kinder können dies selbst erproben, in dem sie sich eine Brille mit hoher Dioptriezahl aufsetzen. Ein oder zwei Kinder dürfen beginnen. Sie setzen die Brille auf und gehen damit im Raum umher. Die Fachkraft und die anderen

Kinder passen auf, dass das Kind sich nicht verletzt, also nirgendwo gegenläuft oder anstößt. Sie geben den Kindern, die die Brillen tragen, kleine Aufgaben:

Beispiele:

- auf einen Stuhl setzen und wieder aufstehen
- auf den Boden setzen und wieder aufstehen
- im Kreis drehen
- ein Bilderbuch aus dem Regal nehmen und anschauen
- einen blauen Baustein aus der Kiste holen
- ...

Nach ein paar Aufgaben, dürfen andere Kinder die Brille ausprobieren.

Fragen zur Reflexion:

- Wie hast du dich gefühlt?
- Welche Aufgabe war mit dieser Brille besonders schwer zu erfüllen?
- Welche Aufgabe war ganz einfach zu bewerkstelligen?

Bitte laut und deutlich sprechen!

Alter: ab vier Jahren
Anzahl der Teilnehmer:innen: drei Kinder – ganze Kindergartengruppe
Ort: Morgenkreis
Materialien: Ohrenstöpsel für jedes Kind
Vorbereitung: –

So wird es gemacht:

Wie ist das wohl, wenn man alt ist und nicht mehr so gut hören kann wie früher? Jedes Kind bekommt Ohrenstöpsel und setzt sie ein. Die Fachkraft leitet den Morgenkreis wie gehabt an. Anschließend wird reflektiert: Wie war das mit den Ohrenstöpseln? Wie haben sie das Hören verändert? Wie habt ihr euch dabei gefühlt?

Anschließend wird gemeinsam überlegt, was Menschen helfen kann, wenn sie nicht mehr gut hören.

- laut sprechen
- deutlich sprechen
- vor dem Menschen stehen, damit er dich sieht

5. Besuche von Kita-Kindern im Seniorenheim

Um die ersten Schritte auf ältere Menschen zu zugehen, besuchen die Kinder der Kindergartengruppe ein Seniorenheim. Sie lernen den Weg dorthin kennen und bekommen einen ersten Eindruck von der Einrichtung.

5.1 Den Weg und das Gebäude kennenlernen

Die Kinder machen ihren ersten Ausflug zum Seniorenheim. Dort gibt es viel Interessantes zu entdecken: Schon am Eingang ist mit Sicherheit eine Dreh- oder Automatiktür, die die Kinder per Knopfdruck öffnen können. Falls Treppen zum Eingangsbereich führen, wird auch eine Rampe daneben sein, die die Kinder mit Freude hoch und runter laufen können.

Die Kinder dürfen die öffentlichen Flure entlang spazieren. Möglicherweise treffen sie auf Bewohner:innen. Vielleicht gibt es auch eine Sitzecke, in der Bewohner:innen verweilen. Nach Absprache kann es in den Gemeinschaftsraum, die Wohnküche bzw. ins Restaurant gehen, in dem sich die Bewohner:innen auch aufhalten. Bei wärmeren Temperaturen können die ersten Kontaktaufnahmen auch draußen im Garten, einer Sitzecke auf dem Hof oder auf der Terrasse stattfinden.

Es wäre schön, wenn die Kinder von der Leitung der Altenpflegeeinrichtung oder einem Mitarbeitenden des Sozialdienstes begrüßt und herumgeführt werden könnte. Diese erläutert den Kindern, wo die alten Menschen wohnen, was Privatsphäre bedeutet und wo sich Gemeinschaftsräume befinden.

5.2 Ideen, um mit Bewohner:innen in Kontakt zu treten

Die Kinder bereiten in der Kita etwas vor, was sie mit ins Seniorenheim bringen. So können sich die Kinder einerseits schon einmal innerlich auf den Besuch einstimmen – und andererseits sind die „Mitbringsel“ zur Kontaktaufnahme gedacht. Durch das Überbringen von Blumen, Anbieten von Gebäck oder dem gemeinsamen Betrachten der Kastanienwesen oder Seifenblasen haben Kinder und Bewohner:innen ein gemeinsames Thema. Sie kommen miteinander in Kontakt und haben Gesprächsanlässe. „Oh, was für leckere Kekse. Hast du die selber gebacken?“ oder „Was sind denn das für kleine Kastanienzwerge?“ oder „Wie findest du die Blume, die ich gemacht habe? Guck’ mal, ganz bunt!“

Aktivitäten zur Vorbereitung ...

zur Herbstzeit ... Kastanienwesen

Alter: ab drei Jahren
Anzahl der Teilnehmer:innen: ca. vier Kinder
Ort: am Tisch
Materialien: Kastanien, Zahnstocher aus Holz, kleine Bohrer oder Metallspieße, Knete in verschiedenen Farben, Schere, Permanentmarker
Vorbereitung: Die Kinder sammeln Kastanien.

So wird es gemacht:
Die Kinder gestalten mit Kastanien kleine Wesen, Menschen oder Tiere. Dafür bohren sie mit dem Bohrer oder dem Metallspieß Löcher in die Kastanien, um zurechtgeschnittene Zahnstocher als Verbindungsstücke zwischen zwei Kastanien oder auch als Arme oder Beine zu befestigen. Mit Knete können beispielsweise Haare gestaltet und mit dem Stift Augen oder Münder auf die Kastanien gemalt werden.

Zum Transportieren müssen die einzelnen Wesen gut in beispielsweise Küchenpapier verpackt und in einen Korb gelegt werden.

zur Weihnachtszeit ... Kekse backen

Alter: ab drei Jahren
Anzahl der Teilnehmer:innen: ca. drei Kinder
Ort: Küche
Materialien: Kinderschürzen, ggf. Haarbänder, Wachstuchdecke, Zutaten für ein Blech Kekse: 150 g Mehl, 100 g Margarine, 50 g Zucker, ein halbes Päckchen Vanillezucker, eine Prise Salz, Schüssel, Handrührgerät, Mehl, Teigrollen, Ausstechförmchen, Backbleche, Backpapier, Herd, Puderzucker, Wasser, kleine Schale, Pinsel, kleiner Quirl, Streusel, Keksdosen.
Vorbereitung: Die Kinder waschen sich die Hände und binden sich eine Schürze um. Lange Haare werden zu einem Zopf gebunden.

So wird es gemacht:
Die Zutaten werden nacheinander in eine Schüssel gegeben und mit einem Handrührgerät zu einem Teig vermischt. Während der Teig nun eine halbe Stunde stehen gelassen wird, können die Kinder den weiteren Arbeitsplatz auf einem Tisch vorbereiten: Sie legen die Wachstuchdecke darauf und packen die Ausstechförmchen aus. Die Backbleche werden mit Backpapier ausgelegt und schon bereitgestellt.

Jedes Kind bekommt etwas Teig und rollt es mit einer Teigrolle aus. Nun wird der Teig durch Ausstechformen in kleine Plätzchen verwandelt. Möglich ist es selbstverständlich auch, keine Ausstechformen zu nutzen, sondern den Teig mit den Händen zu formen. Die fertigen Gebilde werden nebeneinander auf die Backbleche gelegt. Diese werden dann in den Ofen geschoben und bei 180 Grad für ungefähr zehn Minuten gebacken. Anschließend kühlen die Kekse ab. Nun kann das Verzieren beginnen. Die Kinder rühren Zuckerguss an: Für eine Portion werden 125 g Puderzucker mit drei Esslöffeln Wasser mit einem kleinen Quirl vermengt. Nun kann der Zuckerguss mit einem Pinsel auf die Kekse aufgetragen werden. Dieser ist wie Klebstoff für die Streusel, mit denen die Kinder die Kekse anschließend verzieren können.

Zur Frühlingszeit ... Blumen gestalten

Alter: ab vier Jahren
Anzahl der Teilnehmer:innen: ca. fünf Kinder
Ort: am Tisch
Materialien: Strohhalme, Tonpapier in verschiedenen Farben, Klebstoff, Scheren, Bleistift, kleine Tasse oder etwas anderen Rundes als Schablone, kleine Flaschen als Vasen

So wird es gemacht:
Eine kleine Tasse oder etwas Vergleichbares wird auf ein Stück Tonpapier gelegt und mit dem Bleistift drumherum gezeichnet. Dieses wird noch einmal wiederholt, sodass zwei gleichgroße Kreise auf dem Tonpapier gezeichnet sind. Diese werden ausgeschnitten und stellen die Mitte der Blüte dar. Nun werden ca. sieben kleinere Kreise auf andersfarbigem Tonpapier gezeichnet und ausgeschnitten. Diese werden so auf den Rand des zuvor ausgeschnittenen größeren Kreises geklebt, dass diese überlappen. Auf die Seite, auf der geklebt wurde, wird nun mittig der Strohhalm geklebt, sodass der „Stängel" unten herausguckt. Zur Verstärkung wird über die Rückseite nun auch der zweite zuerst ausgeschnit-

tene Kreis geklebt. Die Blume ist fertig. Je nach Länge des Stängels, können die Blumen in kleine Flaschen oder schmale Gläser gestellt werden.

Im Seniorenheim werden die Blumen mit Vasen auf die Tische verteilt.

Zur Sommerzeit ... Sommerküchlein

Alter: ab drei Jahren
Anzahl der Teilnehmer:innen: ca. drei Kinder
Ort: Küche
Materialien: Kinderschürzen, ggf. Zopfbänder, Zutaten für ca. 10 Muffins: 180 g weiche Butter, 150 g Zucker, eine Prise Salz, drei Eier, 200 g Mehl (Type 405), zwei TL Backpulver, Rührschüssel, Handrührgerät, Teelöffel, Muffin-Förmchen, Esslöffel, Teelöffel, Messer, Herd, kleine Party-Sonnenschirme, große Keksdosen für den Transport
Vorbereitung: Die Kinder waschen sich die Hände und binden sich eine Schürze um. Lange Haare werden zu einem Zopf gebunden.

So wird es gemacht:
Der Backofen wird schon einmal auf 180 Grad Ober-/Unterhitze vorgeheizt.

Die Butter, der Zucker und das Salz werden in der Rührschüssel mit dem Handrührgerät miteinander vermischt. Die Eier werden aufgeschlagen und nacheinander zum Teig dazugegeben und verrührt. Als Letztes werden nun Backpulver und Mehl mit dem Teig gemixt.

Der fertige Teig wird nun mit einem Esslöffel in die Papierförmchen gegeben. Dabei sollte jede Papierform nur etwa bis zur Hälfte mit Teig gefüllt werden.

Nun werden die Papierförmchen auf das Backblech gelegt und mithilfe der Fachkraft in den Ofen geschoben. Nach ca. 15 Minuten können die Kinder schon nachschauen, ob die Muffins aufgegangen und goldbraun geworden sind. Sind die Muffins fertig, können sie zum Abkühlen auf den Tisch gestellt werden. Nach dem Abkühlen stecken die Kinder in jeden Muffin einen Sonnenschirm.

Die Muffins werden als Geschenk mit ins Seniorenheim gebracht und von Bewohner:innen und Kindern gemeinsam gegessen.

Draußen im Sommer ... Seifenblasen

Alter: ab vier Jahren
Anzahl der Teilnehmer:innen: ca. drei Kinder
Ort: im Hof oder im Garten
Materialien: Eimer mit Deckel (für den Transport), 500 ml Wasser, ca. 110 ml Spülmittel, eine Packung Backpulver, 100 g Stärke, Kochlöffel zum Umrühren, Pfeifenputzer
Vorbereitung: Vor Ort sollten ausreichend Sitzgelegenheiten für Bewohner:innen und auch für Kinder sein, ggf. Stühle aufstellen.

So wird es gemacht:

Wasser, Backpulver und Stärke werden in einem Eimer miteinander verrührt. Am Ende wird das Spülmittel dazugeben und erneut umgerührt.

Die Kinder formen Pustestäbchen, in dem sie die Pfeifenreiniger zu einer Schlaufe formen und binden. Die Pfeifenreiniger-Pustestäbchen werden in die Seifenblasenlauge getunkt, sodass ein Seifenflüssigkeitsfilm über dem Loch bildet. Das Kind pustet vorsichtig hinein oder schwenkt das Pustestäbchen durch die Luft. Entstehen Bläschen, die durch die Luft schweben? Falls nicht, muss die Flüssigkeit nochmals gut verrührt werden und ggf. etwas Spülmittel zusätzlich hinzugefügt werden.

Achtung: Kinder dürfen die Flüssigkeit niemals trinken!

Die Bewohner:innen können draußen sitzen und den Seifenblasen zuschauen, bzw. den Kindern, wie diese mit den Seifenblasen spielen. Vielleicht hat die/der ein oder andere auch Lust, eine Seifenblase mit dem Finger zerplatzen zu lassen?

6. Gemeinsame Aktivitäten im Seniorenheim

Aus organisatorischen Gründen bietet es sich erst einmal an, dass die Kinder in Kleingruppen die Bewohner:innen im Seniorenheim besuchen. Kinder sind mobiler. Für alle Beteiligten ist es hilfreich, wenn es einen festen Tag in der Woche gibt, an dem die Treffen stattfinden. So können sich die Bewohner:innen, Pflegefachkräfte, aber auch die pädagogischen Fachkräfte und die Kinder darauf einstellen.

6.1 (Bewegungs-)Spiele im Stuhlkreis

Die folgenden Spiele sind für den Stuhlkreis gedacht. Während ältere Erwachsene oft nicht lange schmerzfrei auf Kinderstühlen sitzen können, können Kinder eine Zeitlang auf Erwachsenenstühlen verbringen. Deshalb ist es okay, wenn der Kreis aus Erwachsenenstühlen besteht. Die Spiele beinhalten Bewegungen, sodass das Sitzen für die Kinder nicht immer vorrangig sein muss.

Die Anzahl der Teilnehmer:innen ist im Folgenden nur grob angegeben. Es wird lediglich in „beliebig“ und „Kleingruppe“ unterschieden. Die genaue Anzahl hängt von den Fähigkeiten und der Zusammensetzung der Teilnehmer:innen ab.

Fingerspiel: „Imse bimse Spinne“

Alter: ab drei Jahren
Anzahl der Teilnehmer:innen: beliebig
Materialien: –
Vorbereitung: –

So wird es gemacht:
Die pädagogische Fachkraft leitet folgendes Fingerspiel an.

Text	Fingerbewegungen
Imse bimse Spinne, wie lang dein Faden ist.	Die Hände werden auf Bauchhöhe gehalten. Es berühren sich jeweils abwechselnd der linke Daumen mit dem rechten Zeigefinger, und der rechte Daumen mit dem linken Zeigefinger, sodass die Hände nach oben klettern.
Kam der Regen runter,	mit den Fingern beider Hände Regentropfen von oben nach unten imitieren.
und der Faden riss.	Beim Wort „riss“ laut in die Hände klatschen.
kam die liebe Sonne, leckt den Regen auf.	Von unten nach oben mit beiden Händen eine aufgehende Sonne imitieren.
Imse bimse Spinne klettert wieder rauf.	Die Hände werden auf Augenhöhe gehalten. Es berühren sich jeweils abwechselnd der linke Daumen mit dem rechten Zeigefinger, und der rechte Daumen mit dem linken Zeigefinger, sodass die Hände nach unten klettern.

Info: Der Reim geht zurück auf den englischen Nursery Rhyme und Folksong „Itsy bitsy spider“ (Quelle: unbekannt).

Was ist denn das für ein Ding?

Alter: ab drei Jahren
Anzahl der Teilnehmer:innen: Kleingruppe
Materialien: Korb, Tuch, Küchen- und Haushaltsgeräte, z. B. Suppenkelle, Nussknacker, Eierschneider, Salatschleuder
Vorbereitung: Die Geräte werden in die Kreismitte in einen Korb gelegt, zum Abdecken wird ein Tuch über dem Korb platziert.

So wird es gemacht:
Ein Kind darf zum Korb in der Kreismitte gehen und – ohne Hinzuschauen – einen Gegenstand herausziehen. Es setzt sich mit dem Gegenstand wieder auf seinen Platz. Der Gegenstand wird im Kreis herumgegeben.

- Was ist das für ein Ding?
- Woher kennst du das?
- Was kann man damit tun?

Wer möchte, kann erzählen. Vielleicht kennen nicht alle den Gegenstand, aber auch Vermutungen und Fantasien können geäußert werden. Sind die feinen Drähte des Eierschneiders nicht wie Gitarrensaiten? Ist es ein Musikinstrument? Oder ist das Ding tatsächlich zum Schnitzel platthauen? Damit hat die Mama aber schon einmal einen Nagel in die Wand geschlagen, oder? Handelt es sich hier um eine Salatschleuder oder um einen Ritterhelm?

Danach wird ein neuer Gegenstand gezogen und das Spiel beginnt von vorne.

Düfte raten

Alter: ab drei Jahren
Anzahl der Teilnehmer:innen: Kleingruppe
Materialien: natürliche Dinge, die duften: z. B. Lebkuchengewürz, Lavendel, Kaffee, Vanilleschoten, Kakao, Basilikum, verschließbare Dosen
Vorbereitung: Die Duftstoffe werden jeweils in eine verschließbare Dose gefüllt.

So wird es gemacht:
Die pädagogische Fachkraft gibt eine Dose im Kreis herum. Der Deckel liegt nur lose darauf. Jede:r Mitspieler:in darf einmal den Deckel vorsichtig hochheben und schnuppern. Wenn alle gerochen haben, darf gesagt oder geraten werden, was sich in der Dose befindet.

- Woher kennst du den Geruch?
- An was erinnert dich der Geruch?
- Wie heißt das, was in der Dose ist?

Es können Erinnerungen ausgetauscht werden. Wer möchte, kann auch einen Blick in die Dose werfen.

Wir kegeln

Alter: ab drei Jahren
Anzahl der Teilnehmer:innen: Kleingruppe
Materialien: Plastikflaschen (1 l), die ein Viertel mit Wasser gefüllt sind, Lederball/Basketball
Vorbereitung: In der Kreismitte werden fünf Flaschen aufgestellt. Zwei Kinder werden als Kegelaufsteller:innen ausgewählt. Und ein Kind hat die Aufgabe, die gerollten Bälle wieder zurückzuholen.

So wird es gemacht:
Ein:e Mitspieler:in beginnt und bekommt den Ball, den er so in Richtung der Flaschen rollen lässt, dass möglichst viele umfallen. Dies ist – beispielsweise, wenn sich jemand nicht gut bücken kann – auch in aufrechter Sitzposition möglich. (Dann hüpft der Ball möglicherweise auf dem Boden, aber wenn alle auf den Stühlen sitzen, ist die Gefahr nicht allzu groß, dass jemand den Ball ins Gesicht bekommt.) Sobald eine Flasche umfällt, darf gejubelt werden! Die zuständigen Kinder stellen schnell die Flaschen wieder auf und das Kind, das an der Reihe ist, holt den Ball und bringt ihn zur nächsten Person. Wenn alle Kinder wieder sitzen, kann die neue Runde beginnen.

„Spitz, pass' auf!"

Alter: ab fünf Jahren
Anzahl der Teilnehmer:innen: Kleingruppe
Materialien: ca. zwei Meter lange, dicke Wollfäden, Eimer, kleine, leichte Stofftiere (so viele, wie Mitspieler:innen teilnehmen)
Vorbereitung: Jedes Stofftier bekommt ein Halsband aus Wolle mit einer ca. zwei Meter langen Leine.

So wird es gemacht:
Jede:r Mitspieler:in sucht sich ein Tier aus. Alle Tiere werden eng in die Kreismitte gelegt. Ein Ende der Leine hat der/die jeweilige Mitspieler:in fest in der Hand. Die Leine muss auf direktem Wege und straff gespannt von der/dem Spieler:in zum Stofftier führen. Ein Kind oder Erwachsener ist der/die „Fänger:in". Es bekommt den Eimer und stellt sich zu den Tieren in die Mitte.

Die pädagogische Fachkraft liest laut, deutlich und im langsamen Tempo eine Geschichte vor. Bei dem Wort „Hund", versucht der/die Fänger:in, schnell den Eimer umgedreht über ein oder mehrere Tiere zu stülpen und diese somit zu fangen. Gleichzeitig ziehen alle übrigen Teilnehmer:innen schnell an der Leine, sodass ihre jeweiliges Tier aus der Kreismitte zu ihnen herangezogen wird. Das Tier, was unter dem Eimer gefangen wurde, darf auf den Schoß des/der jeweiligen Mitspieler:innen und dort verweilen. Welches Tier ist als letztes übrig?

Der Geburtstagskuchen

Der kleine **Hund** Karl hat Geburtstag. Das behauptet jedenfalls die Familie, in der er lebt. Die Kinder sind total aufgeregt. Karl versteht die Aufregung nicht. Was soll das denn sein, ein Geburtstag? Die Kinder haben einen Kuchen für Karl gebacken. Ein **Hund** darf keinen Kuchen essen, das weiß doch jedes Kind. Karl rührt das Zeug nicht an. Er schnüffelt jedoch interessiert daran, so wie es ein **Hund** nun einmal tun. „Es riecht interessant“, denkt sich Karl. „Das ist dein Kuchen!“ rufen die Kinder. Und auch die Eltern schauen den **Hund** auffordernd an. „Freust du dich, Karl?“ Nun beginnen sie, ein Lied zu singen. Alle vier! „Zum Geburtstag viel Glück“. Karl versucht, sich mit den Tatzen so gut es geht, die Ohren zu zuhalten. Wissen die Menschen nicht, dass ein **Hund** ein sehr empfindliches Gehör hat? Das Lied ist vorbei. Karl atmet auf. „Und nun schneiden wir den Kuchen an!“, ruft der Vater und kommt mit einem Messer und vier Tellern. Jetzt wird der **Hund** Karl aber wütend: *Erst setzen sie ihm einen Kuchen vor, an dem er nur schnüffeln darf. Dann kreischen sie ein Lied, von dem einen fast die Ohren wegfliegen. Und jetzt kommt der Vater mit einem Messer und will den schönen Kuchen kaputt machen!? Nee, nee!,* denkt der **Hund.** *Das führt zu weit. Ich werde den interessant duftenden Kuchen beschützen müssen. Ich bin zwar kein ausgebildeter Wachhund. Aber das wird für einen kleinen* ***Hund*** *wie mich dennoch machbar sein.* Karl legt sich vor den Kuchen und immer, wenn der Vater mit dem Messer kommt, um ein Stück vom Kuchen abzuschneiden, fängt der **Hund** so laut an zu bellen, dass Vater, Mutter und die Kinder ein paar Schritte zurückgehen. Nach einigen versuchen geben sie es auf. *Endlich Ruhe!,* denkt der **Hund,** legt sich vor den Kuchen, genießt den schönen Duft in der Nase und schlummert ein.

Klatscher weitergeben

Alter: ab drei Jahren
Anzahl der Teilnehmer:innen: beliebig
Materialien: –
Vorbereitung: –

So wird es gemacht:
Ein:e Spieler:in beginnt. Sie schaut auf den neben sich Sitzenden und klatscht einmal laut in seine/ihre Richtung. Derjenige/diejenige nimmt den Klatscher sozusagen an und klatscht wiederum den/die an, die neben ihm/ihr sitzt. Nach diesem Prinzip geht es weiter, bis der Klatscher einmal im Kreis herumgegangen ist.

Variationen:
Ist das Prinzip verstanden, kann das Tempo erhöht werden. Eine weitere Schwierigkeitsstufe besteht darin, dass beim *zweimaligen* Klatschen ein Richtungswechsel erfolgen muss.

Sandsäckchen gehen im Kreis herum

Alter: ab drei Jahren
Anzahl der Teilnehmer:innen: beliebig
Materialien: Sandsäckchen oder kleine Kirschkernsäckchen
Vorbereitung: –

So wird es gemacht:
Ein:e Mitspieler:in bekommt ein Sandsäckchen. Von Teilnehmer:in zu Teilnehmer:in wird es im Kreis herumgereicht. Nach einer Runde wird das Tempo erhöht. Wenn das Prinzip klar ist, wird ein zweites Sandsäckchen in Gegenrichtung des ersten weitergegeben.

Variation:
Zwei Sandsäckchen werden etwas versetzt voneinander weitergegeben. Schafft es ein Säckchen, das andere einzuholen?

Pinke – Panke – Puster

Alter: ab drei Jahren
Anzahl der Teilnehmer:innen: Kleingruppe
Materialien: kleiner Stein oder alternativ eine Murmel
Vorbereitung: –

So wird es gemacht:
Ein:e Mitspieler:in bekommt den kleinen Stein. Verdeckt nimmt er/sie ihn in eine Hand. Er/sie schließt beide Hände zu Fäusten. Die Fäuste werden abwechselnd in Brusthöhe vor dem Körper aufeinandergestellt und dabei laut und deutlich gesagt:

„Pinke – Panke – Puster
im Keller ist es duster,
da wohnt ein armer Schuster,
wo wohnt er denn, wo wohnt er denn,
oben oder unten?“

Das Kind hält die Fäuste still aufeinandergestellt. Nun dürfen alle raten. Wo ist der Stein – oben oder unten? Wenn alle ihren Tipp abgegeben haben, werden die Fäuste geöffnet. Wer hatte Recht?

Zehn kleine Zappelmänner

Alter: ab drei Jahren
Anzahl der Teilnehmer:innen: beliebig
Materialien: –
Vorbereitung: –

So wird es gemacht:
Die pädagogische Fachkraft leitet folgendes Fingerspiel an.

Zehn kleine Zappelmänner zappeln hin und her, *zehn kleinen Zappelmännern fällt das gar nicht schwer.*	Beide Hände werden vor dem Körper hin und her bewegt. Dabei bewegen sich alle zehn Finger.

Zehn kleine Zappelmänner zappeln auf und nieder, *zehn kleine Zappelmänner tun das immer wieder.*	Beide Hände werden vor dem Körper hoch und runter bewegt. Dabei bewegen sich alle zehn Finger.
Zehn kleine Zappelmänner zappeln ringsherum, *zehn kleine Zappelmänner, die sind gar nicht dumm.*	Beide Hände werden vor dem Körper in einem großen Kreis bewegt. Dabei bewegen sich alle zehn Finger.
Zehn kleine Zappelmänner spielen mal Versteck, *zehn kleine Zappelmänner sind auf einmal weg!*	Die Hände werden hinter den Rücken geführt.
Zehn kleine Zappelmänner rufen laut: „Hurra!" *Zehn kleine Zappelmänner sind jetzt wieder da!*	Die Hände werden wieder vor den Körper genommen und die Finger bewegen sich.

Quelle: unbekannt

Hinweis: Dieses klassische Fingerspiel kennen sicher einige der Bewohner:innen. Damit nicht immer die Rede von „Männern" ist, kann der Text auch dahingehend verändert werden, dass Zappelkinder oder Zappelmenschen aktiv sind.

Würfelgymnastik

Alter: ab drei Jahren
Anzahl der Teilnehmer:innen: beliebig
Materialien: ein großer Schaumstoffwürfel
Vorbereitung: –

So wird es gemacht:

Ein:e Mitspieler:in legt eine Bewegung fest und macht sie vor. Die Bewegung sollte so sein, dass alle Mitspieler:innen mitmachen können. Beispiele für Bewegungen sind: Arme nach oben strecken und wieder beugen, den einzelnen Arm nach vorne strecken, mit dem Kopf nicken, die Schultern hochziehen und wieder fallenlassen, mit einem Fuß wackeln, die Handgelenke kreisen lassen oder beide Beine nach vorne strecken. Ist die Bewegung für alle klar, darf der Würfel in den Kreis gekullert werden. Die gewürfelte Augenzahl zeigt an, wie oft die zuvor festgelegte Bewegung wiederholt wird. Dieses wird mit lautem Zählen gemeinsam durchgeführt. Dann ist der:die nächste Mitspieler:in an der Reihe und legt eine neue Bewegung fest.

Ein Tag am See (Bewegungsgeschichte)

Alter: ab drei Jahren

Anzahl der Teilnehmer:innen: beliebig

Materialien: Stühle

Vorbereitung: Stuhlkreis

So wird es gemacht:

Die pädagogische Fachkraft erzählt folgende Geschichte und leitet die dazu entsprechenden Bewegungen an.

Ein Tag am See

Es ist ein schöner Sommertag, und wir fahren mit dem Fahrrad an den See. Wer noch nicht Radfahren kann, flitzt mit dem Laufrad mit.	Fahrradfahrbewegungen mit den Beinen machen.
Da ist schon der See!	–
Wir halten an und legen das Rad auf die Wiese vor dem See.	Eine Bewegung machen, als würde man etwas auf dem Boden ablegen.
Am besten springen wir sofort ins Wasser. Also schnell das Badezeug anziehen.	Jede:r tut so, als würde er:sie die Kleidung ausziehen und eine Badehose oder einen Badeanzug anziehen.
Sind alle umgezogen?	Die Teilnehmer:innen antworten mit: „Ja!“
Dann nehmen wir Anlauf zum See.	Mit den Füßen Laufbewegungen machen.
Und wir springen hinein!	Mit beiden Füßen auf den Boden tippen.
... und schwimmen los!	Entweder im Sitzen oder im Kreis herumgehen und mit den Armen Schwimmbewegungen machen.
Herrlich ist das! Wer möchte, darf auch rückwärts schwimmen.	Die im Kreis schwimmen, gehen rückwärts.
Wir kommen ganz schön aus der Puste. Wir schwimmen vorwärts oder rückwärts zurück zum Ufer.	Alle, die im Kreis waren, setzen sich wieder auf ihren Platz.
Wir steigen aus dem See und plötzlich wird uns sehr kalt.	Zittern und bibbern
Was können wir dagegen tun?	Die Teilnehmer:innen äußern Ideen und alle gemeinsam setzen sie um.
Wir trocknen uns mit dem Handtuch ab und ziehen uns wieder um.	Abtrocken- und Umziehbewegungen imitieren.
Wir sitzen im Gras und merken, dass der Magen nun knurrt. Hört ihr das?	Magenknurren imitieren.

Zum Glück haben wir belegte Brote dabei. Wir packen sie aus. Mhh, ich sehe Käse auf meinem Brot. Und was ist bei euch drauf?	Die Teilnehmer:innen antworten.
Wir essen das Brot auf.	Kaubewegungen und Kaugeräusche machen.
Es wird schon dunkel. Wir müssen sehr schnell nach Hause radeln, denn das Licht am Fahrrad/am Laufrad ist kaputt! Jetzt aber schnell!	–
Wir heben die Räder hoch.	So tun, als würde man etwas aufheben.
Schwingen uns auf den Sattel und radeln los.	Fahrradfahrbewegungen mit den Beinen machen.
Und radeln schneller!	Schnellere Bewegungen machen.
Und noch schneller!	Schnellere Bewegungen machen.
Und fahren um eine Kurve!	Beim Bewegen auf eine Seite lehnen.
Und um eine andere Kurve!	Beim Bewegen auf die andere Seite lehnen.
Wir sind zuhause! Wir bremsen!	Handbremsbewegungen machen.
Hat eigentlich jemand daran gedacht, die nassen Badeanzüge und Badehosen wieder einzupacken? Oder sind sie noch am See?	Je nachdem, was die Teilnehmer:innen antworten, werden noch ein paar Bewegungen gemacht. „Ja, ich!" Alle jubeln. „Keiner! Wir müssen zurück!" Ein paar Kinder „fahren" schnell zurück, um sie zu holen.

Taler, Taler, du musst wandern

Alter: ab drei Jahren

Anzahl der Teilnehmer:innen: beliebig

Materialien: Geldstück

Vorbereitung: –

So wird es gemacht:

Zwei Spieler:innen werden ausgewählt. Alle anderen Mitspieler:innen stehen oder sitzen im Kreis und pressen beide Handflächen gegeneinander. Eines der ausgewählten Mitspieler:innen bekommt eine Münze und stellt sich damit vor den/die erste:n Mitspieler im Kreis. Gibt es ihm die Münze weiter oder ist sie noch immer in seinen verschlossenen Händen, wenn es sich kurz darauf hinsetzt? Der/die Mitspielende, dem/der die Münze – möglicherweise – übergeben wurde, steht nun auf und gibt sie auf dieselbe Weise weiter bzw. behält sie. Dieser Vorgang wird so lange wiederholt, bis alle Mitspieler:innen an der

Reihe waren. Die/der zweite ausgewählte Mitspieler:in sitzt derweil auf einem Stuhl in der Mitte des Kreises und beobachtet, wie der „Taler“ wandert. Beim Herumgehen singen alle gemeinsam das Lied „Taler, Taler, du musst wandern“:

Taler, Taler, du musst wandern, von der einen Hand zur andern,
oh wie herrlich, oh wie schön, niemand darf den Taler seh'n.
Quelle: Preetorius 1953, S. 113.

Am Ende darf der/die ausgewählte Mitspieler:in raten, welche:r der/die Mitspielenden den Taler in der Hand hat. Wird es nach drei versuchen nicht erraten, wird das Geheimnis gelüftet.

Was fehlt?

Alter: ab drei Jahren
Anzahl der Teilnehmer:innen: Kleingruppe
Materialien: acht Gegenstände (z. B. ein Schuh, eine Dose, ein Becher, ein Wecker, ...), Tuch
Vorbereitung: Die Gegenstände werden in die Kreismitte gelegt.

So wird es gemacht:
Die pädagogische Fachkraft bittet alle Mitspieler:innen, die Augen zu schließen oder die Hände so vor die Augen zu halten, dass sie nichts mehr sehen. Die Fachkraft nimmt einen der Gegenstände aus dem Kreis und versteckt ihn unter dem Tuch. Sie bittet alle Mitspieler:innen, die Augen wieder zu öffnen. Nun dürfen alle kurz überlegen, welcher Gegenstand fehlt. Wenn die Spielleitung fragt: „Was fehlt?“, dürfen Ideen geäußert werden. Danach wird der Gegenstand wieder in die Mitte zurückgelegt. Nun kann eine weitere Runde gespielt werden.

Erschwerende Varianten:
- Wenn die Spielleitung einen Gegenstand entfernt, verändert sie auch die Position der anderen Gegenstände.
- Es werden zwei Gegenstände entfernt.

Schwungtuchspiele

Alter: ab drei Jahren
Anzahl der Teilnehmer:innen: je nach Schwungtuchgröße, Kleingruppe
Materialien: kleines Schwungtuch (alternativ: Malerfolie), Softball, Kuscheltier, Luftballons
Vorbereitung: Die Luftballons werden aufgepustet und verknotet.

So wird es gemacht:
Das Schwungtuch wird in der Mitte ausgebreitet. Jede:r hält es am Rand fest.

- Die pädagogische Fachkraft fordert die Teilnehmer:innen auf, das Tuch zu bewegen. Das klingt wie Gewitter und sieht aus wie eine stürmische See. Auf ein Zeichen hin sollen alle das Tuch ruhig halten. „Gewitter" und „Stille" wechseln sich ab.
- Die Fachkraft zählt einen Rhythmus, und das Tuch wird auf und ab bewegt.
- Das Tuch wird straff gehalten und ein Softball darauf platziert. Das Tuch wird bewegt. Der Ball darf dabei nicht vom Tuch fallen.
- Das Tuch wird straff gehalten und ein Kuscheltier darauf platziert. Alle Teilnehmer:innen schwingen im Rhythmus auf und ab, sodass das Kuscheltier hochspringt und vom Tuch wieder aufgefangen wird.
- Jeweils zwei Kinder dürfen sich unter das Schwungtuch auf den Rücken legen. Die anderen Teilnehmer:innen bewegen es auf und ab.
- Ein Luftballon wird auf das Tuch gelegt, das nun auf und ab bewegt werden kann.
- Mehrere Luftballons werden auf das Tuch gelegt. Wie kann das Schwungtuch so bewegt werden, dass kein Luftballon auf den Boden fällt?
- Zum Abschluss soll das Schwungtuch so bewegt werden, dass alle Luftballons auf den Boden fallen.

Sitzfußball

Alter: ab vier Jahren
Anzahl der Teilnehmer:innen: Kleingruppe
Materialien: Stühle oder Hocker, Softball
Vorbereitung: ein Stuhlkreis wird aufgebaut, zwischen den Stühlen ist jeweils ca. einen Meter Platz

So wird es gemacht:
Die Bewohner:innen setzen sich auf einen Stuhl und die Kinder stellen sich jeweils zwischen zwei Stühle, sodass alle im Kreis stehen bzw. sitzen. Ein Softball wird im Kreis hin und her gespielt. Er darf den Kreis nicht verlassen.

Variante: zwei Bälle werden im Kreis hin und her gespielt.

Luftballon-Tennis

Alter: ab drei Jahren
Anzahl der Teilnehmer:innen: beliebig
Materialien: Luftballons, Fliegenklatschen (alternativ: Pappteller)
Vorbereitung: Die Luftballons werden aufgepustet und verknotet.

So wird es gemacht:
Alle Spieler:innen haben eine Fliegenklatsche. Die pädagogische Fachkraft wirft einen Luftballon in den Kreis. Die Spieler:innen haben die Aufgabe, diesen mithilfe der Fliegenklatsche hin und her zu spielen, ohne dass dieser den Boden berührt.

Pezziball rollen

Alter: ab vier Jahren
Anzahl der Teilnehmer:innen: beliebig
Materialien: Pezziball
Vorbereitung: –

So wird es gemacht:
- Eine Person bekommt den Pezziball. Der Ball wird von einer Person zur nächsten gerollt, bis er bei der Ausgangsperson wieder angekommen ist.
- In der nächsten Runde darf ein Richtungswechsel eingebaut werden. Immer, wenn die pädagogische Fachkraft „Richtungswechsel" ruft, wird der Ball in die entgegengesetzte Richtung weiter gerollt.
- Der Ball wird quer durch den Kreis von einer Person zu einer anderen gerollt.
- Zwei Bälle werden zeitlich versetzt in dieselbe Richtung im Kreis herum gerollt. Kann der eine Ball den anderen einholen?

6.2 Singen, Tanzen und Musizieren im Stuhlkreis

Musik hat einen Einfluss auf die Stimmung eines Menschen. Sie kann aktivierend oder auch beruhigend wirken. Dabei ist das Tempo der Musik entscheidend. Musik kann Erinnerungen wecken; an vergangene Zeiten, in der ein bestimmtes Musikstück oft oder gerne gehört wurde.

Musik bleibt lange im Gedächtnis. Es ist verblüffend, welche Liedtexte ältere Menschen aus ihrer Kindheit noch auswendig können. Im Folgenden sind die Liedtexte ohne Noten vorgestellt. Die meisten Menschen, die in Deutschland aufgewachsen sind, werden die Melodien kennen. Falls nicht, lassen sich die Melodien zu den Liedern leicht im Internet finden, wenn man als Suchbegriff den Titel des Liedes eingibt. Alle Lieder sind Volksgut.

Lieder, die sich zum gemeinsamen Singen anbieten

Backe, backe Kuchen

Backe, backe Kuchen,
der Bäcker hat gerufen.
Wer will guten Kuchen backen,
der muss haben sieben Sachen:
Eier und Schmalz,
Zucker und Salz,
Milch und Mehl,
Safran macht den Kuchen gehl!
Schieb, schieb in'n Ofen 'nein.

Informationen zum Lied: Der Text geht vermutlich auf das frühe neunzehnte Jahrhundert zurück und beschreibt vermutlich einen früher in Deutschland weit verbreiteten Brauch: Das Brot wurde in einem Brothaus gebacken, und wenn der Bäcker damit fertig war, „rief" er mit einem Horn die Frauen der Nachbarschaft, dass sie nun mit der Restwärme im Ofen ihr Brot backen könnten. Das für Kinder und viele Erwachsene unbekannte Wort „gehl" bedeutet „gelb". Das Gewürz Safran färbt den Kuchen gelb ein (vgl. Weber-Kellermann 2002, S. 189).

Kuckuck, Kuckuck, ruft's aus dem Wald

Kuckuck, Kuckuck, ruft's aus dem Wald.
Lasset uns singen, tanzen und springen.
Frühling, Frühling wird es nun bald.

Kuckuck, Kuckuck, lässt nicht sein Schrei'n:
Komm in die Felder, Wiesen und Wälder.
Frühling, Frühling, stelle dich ein.

Kuckuck, Kuckuck, trefflicher Held.
Was du gesungen, ist dir gelungen.
Winter, Winter räumet das Feld.

Informationen zum Lied: Das Lied wurde 1835 von Hoffmann von Fallersleben (1798–1874) als Frühlingslied geschrieben, jedoch ohne Melodie. 1842 wurde der Text erstmals zu der Melodie des österreichischen bzw. bayrischen Volksliedes *„Stieglitz, Stieglitz, s' Zeiserl is krank"* (1817) gedruckt (vgl. Hoffmann von Fallersleben/Prahl 1900, S. 168). *Hintergrund:* Im Mai und Juni rufen die Kuckucks-Männchen: „Gu-kuh", um Weibchen anzulocken.

Schneeflöckchen, Weißröckchen

Schneeflöckchen, Weißröckchen,
wann kommst du geschneit?
Du wohnst in den Wolken,
dein Weg ist so weit.

Komm setz dich ans Fenster,
du lieblicher Stern,
malst Blumen und Blätter,
wir haben dich gern.

Schneeflöckchen, du deckst uns
die Blümelein zu,
dann schlafen sie sicher
in himmlischer Ruh'.

Schneeflöckchen, Weißröckchen,
komm zu uns ins Tal.
Dann bau'n wir den Schneemann
und werfen den Ball.

Informationen zum Lied: Die Urfassung dieses Liedes stammt von Hedwig Haberkern (geborene Stenzel, 1837–1901). Das Lied wurde von unterschiedlichen Komponisten vertont, darunter auch Wolfgang Amadeus Mozart (1756–1791), doch die heute bekannte Melodie lässt sich erst seit 1915 in Liederbüchern nachweisen (Mang/Mang 2007, S. 721 f.).

Ich bin ein Musikante

Bei diesem Lied singt die pädagogische Fachkraft die Zeile des/der Vorsänger:in und die Gruppe singt nach. So muss das Lied nicht lange geübt werden, denn die Kinder können sich an der Fachkraft orientieren. Zu jedem Instrument werden entsprechende Gesten und Bewegungen gemacht. Am Ende des Liedes können gemeinsam weitere Strophen mit weiteren Instrumenten erfunden werden. Exemplarisch nun die ersten drei Strophen, es folgen Fagotte und Klavier.

(Vorsänger:in)
Ich bin ein Musikante
und komm aus Schwabenland.

(Chor)
Wir sind die Musikanten
und kommen aus Schwabenland.

(Vorsänger:in)
Ich kann auch spielen auf meiner Geige.

(Chor)
Wir können auch spielen auf der Geige.

Simsimserlim, simsimserlim,
simsimserlirn, simsimserlim.

(Vorsänger:in)
Ich bin ein Musikante
und komm aus Schwabenland.

(Chor)
Wir sind die Musikanten
und kommen aus Schwabenland.

(Vorsänger)
Ich kann auch blasen, die Klarinette.

(Chor)
Er kann auch blasen, die Klarinette.

Die A-Klapp auf, die B Klapp zu,
die A-Klapp auf, die B-Klapp zu.

(Vorsänger)
Ich bin ein Musikante
und komm aus Schwabenland.

(Chor)
Wir sind die Musikanten
und kommen aus Schwabenland.

(Vorsänger)
Ich kann auch schlagen, auf meiner Trommel.

(Chor)
Er kann auch schlagen, auf seiner Trommel.

Dirumdumdum, dirumdumdum,
dirumdumdum, dirumdumdum.
Text und Musik: Verfasser unbekannt. In: Deutscher Liederhort III (1894, Nr. 1748b „Musikantenspiel", aus Schlesien. Erk I, 2, 22.

Informationen zum Lied: Eventuell war das Lied früher ein Spottlied auf Wandermusikanten aus Böhmen.

Laurentia, liebe Laurentia mein

Alter: ab drei Jahren
Anzahl der Teilnehmer:innen: beliebig
Materialien: –
Vorbereitung: –

So wird es gemacht:
Zuvor wird eine Bewegung festgelegt, die alle Mitspieler:innen umsetzen können, z. B.: im Sitzen beide Beine nach vorne strecken und zurückführen und die Füße wieder auf dem Boden abstellen oder die Arme nach oben strecken und wieder hinabführen.

Gemeinsam wird das volkstümliche Lied „Laurentia" gesungen. Anstelle der traditionellen Kniebeuge, die an den gesungenen Wochentagen durchgeführt wird, wird die zuvor festgelegte Bewegung gemacht.

Laurentia, liebe Laurentia mein,
wann werden wir wieder beisammen sein?
Am Sonntag.
Ach, wenn es doch endlich schon Sonntag wär
und ich bei meiner Laurentia wär, Laurentia.

Laurentia, liebe Laurentia mein,
wann werden wir wieder beisammen sein?
Am Montag.
Ach, wenn es doch endlich schon Sonntag, Montag wär'
und ich bei meiner Laurentia wär, Laurentia.
Text und Melodie: unbekannte Quelle

In jeder weiteren Strophe kommt ein Wochentag hinzu. Alle anderen werden wiederholt. Nach sieben Strophen ist das Spiel vorbei. Wird das Lied noch einmal gesungen, überlegen sich alle Teilnehmer:innen eine neue Bewegung.

Möglich ist es auch, dass die Kinder und körperlich belastbaren Erwachsenen in der Kreismitte eine andere Bewegung als Mitspieler:innen machen, die auf den Stühlen sitzen.

Wer will fleißige Handwerker seh'n?

Alter: ab drei Jahren
Anzahl der Teilnehmer:innen: beliebig
Materialien: –
Vorbereitung: –

Informationen zum Lied: Dem Volksliederarchiv (Müller-Lüdenscheidt-Verlag o. J.) zufolge entstand der Text, dessen Verfasser unbekannt ist, um 1900 aus den Variationen „Wer will gute Turner seh'n" und „Wer will lustige Soldaten seh'n" (1891).

So wird es gemacht:

Text	Begleitende Bewegungen
Wer will fleißige Handwerker seh'n? *Der muss zu uns Kindern geh'n.*	–
Stein auf Stein, Stein auf Stein,	Die Hände abwechseln übereinanderlegen.
das Häuschen wird bald fertig sein.	Ein spitzes Dach mit den Händen darstellen.
Stein auf Stein, Stein auf Stein,	Die Hände abwechselnd übereinanderlegen.
das Häuschen wird bald fertig sein.	Ein spitzes Dach mit den Händen darstellen.
Wer will fleißige Handwerker seh'n? *Der muss zu uns Kindern geh'n.*	–
O wie fein, o wie fein, *der Glaser setzt die Scheiben ein.* *O wie fein, o wie fein,* *der Glaser setzt die Scheiben ein.*	Mit dem Zeigefinger einen Fensterrahmen in der Luft beschreiben.
Wer will fleißige Handwerker seh'n, *der muss zu uns Kindern geh'n.*	–
Tauchet ein, tauchet ein,	Einen imaginären Pinsel in einen imaginären Eimer tauchen.
der Maler streicht die Wände fein.	Eine imaginäre Wand streichen.
Tauchet ein, tauchet ein,	Einen imaginären Pinsel in einen imaginären Eimer tauchen.
der Maler streicht die Wände fein.	Eine imaginäre Wand streichen.
Wer will fleißige Handwerker seh'n, *der muss zu uns Kindern geh'n.*	–
Zisch, zisch, zisch, zisch, zisch, zisch, *der Tischler hobelt glatt den Tisch.* *Zisch, zisch, zisch, zisch, zisch, zisch,* *der Tischler hobelt glatt den Tisch.*	Einen Arm ausstrecken und mit ausladenden Bewegungen vor dem Körper eine Hobelbewegung imitieren.
Wer will fleißige Handwerker seh'n, *der muss zu uns Kindern geh'n.*	–

Rühre ein, rühre ein, *der Kuchen wird bald fertig sein.* *Rühre ein, rühre ein,* *der Kuchen wird bald fertig sein.*	Mit dem Arm und der Hand eine kreisende Bewegung machen, als würde man in einem Topf rühren.
Wer will fleißige Handwerker seh'n, *der muss zu uns Kindern geh'n.*	–
Stich, stich, stich, stich, stich, stich, *der Schneider näht ein Kleid für mich.* *Stich, stich, stich, stich, stich, stich,* *der Schneider näht ein Kleid für mich.*	Daumen und Zeigefinger einer Hand zusammenführen und die Hand in kleinen Bewegungen auf und ab führen.
Wer will fleißige Handwerker seh'n, *der muss zu uns Kindern geh'n.*	–
Trapp, trapp, drein, trapp, trapp, drein *jetzt geh'n wir von der Arbeit heim.* *Trapp, trapp, drein, trapp, trapp, drein* *jetzt geh'n wir von der Arbeit heim.*	Sitzend auf der Stelle laufen.

Die Berufe und Tätigkeiten, die im Lied beschrieben werden, kennen höchstwahrscheinlich einige Kinder nicht mehr als Beruf. Das Lied bietet Anlass, über die Veränderung der Berufe und damit auch des Lebensalltags ins Gespräch zu kommen. Wenn Kleidung heutzutage kaputtgeht, wird schnell Neue gekauft. Früher wurden Löcher gestopft oder auch ganz neue Kleider von einem Schneider oder einer Schneiderin genäht. Die alten Menschen können möglicherweise berichten, dass sie früher selbst noch Löcher in Strümpfen gestopft haben. Spannend könnte auch die Frage sein, wer noch eine Tischlerei kennt, in der Möbel hergestellt werden?

Die pädagogischen Fachkräfte können mit den Kindern zusammen neue Strophen zu Berufen dichten, die sie aus ihrem Alltag kennen.

Zum Beispiel:

- Kaufe fein, kaufe fein – Ein Kassierer scannt die Ware ein.
- Schnipp, schnipp, schnapp, schnipp, schnipp, schnapp, der Friseur, der schneidet Haare ab.

Es geht eine Zipfelmütz' ...

Alter: ab drei Jahren

Anzahl der Teilnehmer:innen: beliebig

Materialien: –

Vorbereitung: –

So wird es gemacht:

Alle Mitspieler:innen singen.

Es geht eine Zipfelmütz' in unsrem Kreis herum, dideldum. Es geht eine Zipfelmütz' in unsrem Kreis herum. Drei mal drei ist neune, du weißt schon wie ich's meine. Zwanzig sind gleich zehn und zehn.	Die Kinder dürfen im Kreis herumspazieren. Sie stellen mit ihren Händen eine Zipfelmütze dar, indem sie die ausgestreckten Handflächen auf den Kopf setzen und die Finger sich berühren.
Zipfelmütz' bleib steh'n, bleib steh'n, bleib steh'n.	Jedes Kind bleibt vor einer sitzenden Person stehen und wendet sich ihr zu.
Sie rütteln sich, sie schütteln sich, sie werfen die Beine hinter sich.	Die Kinder schütteln ihre Körperteile.
Sie geben sich die Hand.	Das Kind und die sitzende Person reichen sich die Hände.
Wir beide sind bekannt.	Sie schütteln sich die Hände.

Informationen zum Lied: Das Lied „Es geht eine Zipfelmütz'", dessen Quelle unbekannt ist, geht auf ein studentisches Trinklied zurück, das bereits Mitte des 19. Jh. bekannt war. Seine Melodie weist Ähnlichkeiten zu dem Kinderlied „Es tanzt ein Bi-Ba-Butzemann" auf (Mang/Mang 2007, S. 715).

Die Waschfrauen

Alter: ab drei Jahren

Anzahl der Teilnehmer:innen: beliebig

Materialien: –

Vorbereitung: –

So wird es gemacht:

Text	**Begleitende Bewegungen**
Zeigt her eure Füße, zeigt her eure Schuh und sehet den fleißigen Waschfrauen zu!	Abwechseln die Füße nach vorne strecken.

Sie waschen. Sie waschen. Sie waschen den ganzen Tag. *Sie waschen. Sie waschen. Sie waschen den ganzen Tag.*	So tun, als würde man ein Wäschestück immer wieder ins Wasser tauchen und wieder hochziehen.
Zeigt her eure Füße, zeigt her eure Schuh und sehet den fleißigen Waschfrauen zu!	Abwechseln die Füße nach vorne strecken.
Sie wringen. Sie wringen. Sie wringen den ganzen Tag. *Sie wringen. Sie wringen. Sie wringen den ganzen Tag.*	Auswringbewegungen mit beiden Händen machen.
Zeigt her eure Füße, zeigt her eure Schuh und sehet den fleißigen Waschfrauen zu!	Abwechseln die Füße nach vorne strecken.
Sie hängen. Sie hängen. Sie hängen den ganzen Tag. *Sie hängen. Sie hängen. Sie hängen den ganzen Tag.*	So tun, als würde man etwas auf einer Leine aufhängen.
Zeigt her eure Füße, zeigt her eure Schuh und sehet den fleißigen Waschfrauen zu!	Abwechseln die Füße nach vorne strecken.
Sie bügeln. Sie bügeln. Sie bügeln den ganzen Tag. *Sie bügeln. Sie bügeln. Sie bügeln den ganzen Tag.*	Bügelbewegungen machen.

Informationen zum Lied: Die bekannteste Version, deren Verfasser:in unbekannt ist, soll der Überlieferung zufolge um etwa 1860 in Schleswig-Holstein entstanden sein. Das Volkslied beschreibt die Arbeit der Waschfrauen, denen im 18. und 19. Jahrhundert nur wenig Wertschätzung entgegengebracht wurde (Mang/Mang 2007, S. 781 f.).

Die „Waschfrauen“ gibt es heutzutage in unserem Alltag nicht mehr. 1951 kam die erste vollautomatische Waschmaschine in Deutschland auf den Markt, die sich wohlhabende Menschen kaufen konnten. Mittlerweile hat nahezu jeder Haushalt eine Waschmaschine, die leicht zu bedienen ist.

Das Lied bietet somit viele Gesprächsimpulse. Zunächst sollten die Strophen erläutert werden. Was ist „wringen“ oder was ist mit „Sie hängen“ gemeint? Die alten Menschen können davon erzählen, welch körperlich schwere Arbeit das Wäschewaschen damals war. Möglicherweise berichten sie davon, dass sie ihre guten Sonntagskleidung nicht dreckig machen durften, weil die Wäsche nicht so oft gewaschen werden konnte. Thematisiert werden sollten auch die Geschlechterrollen: Wieso gab es nur Waschfrauen? Was haben die Männer gemacht?

Im Sommer könnten die Kinder im Beisein der alten Menschen im Garten oder auf einem Hof, Wäsche in Eimern waschen, auswringen und aufhängen.

Grün, grün, grün sind alle meine Kleider

Alter: ab drei Jahren
Anzahl der Teilnehmer:innen: beliebig
Materialien: –
Vorbereitung: –

So wird es gemacht:
Alle Mitspieler:innen singen das Lied „Grün, grün, grün sind alle meine Kleider" Die Kinder oder auch Erwachsenen, denen es körperlich möglich ist, dürfen sich in der Mitte bewegen, wenn sie am Körper, bzw. Kleidung die Farbe haben, von der in der aktuellen Strophe die Rede ist.

Grün, grün, grün sind alle meine Kleider
grün, grün, grün ist alles was ich hab.
Darum lieb ich alles was so grün ist,
weil mein Schatz ein Jäger ist.

Rot, rot, rot sind alle meine Kleider,
rot, rot, rot ist alles was ich hab.
Darum lieb ich alles was so rot ist,
weil mein Schatz ein Reiter ist.

Blau, blau, blau sind alle meine Kleider,
blau, blau, blau ist alles was ich hab.
Darum lieb ich alles was so blau ist,
weil mein Schatz ein Matrose ist.

Schwarz, schwarz, schwarz sind alle meine Kleider,
schwarz, schwarz, schwarz ist alles was ich hab.
Darum lieb ich alles was so schwarz ist,
weil mein Schatz ein Schornsteinfeger ist.

Weiß, weiß, weiß sind alle meine Kleider,
weiß, weiß, weiß ist alles was ich hab.
Darum lieb ich alles was so weiß ist,
weil mein Schatz ein Müller ist.

Bunt, bunt, bunt sind alle meine Kleider,
bunt, bunt, bunt ist alles was ich hab.
Darum lieb ich alles was so bunt ist,
weil mein Schatz ein Maler ist.

Informationen zum Lied: Das Volkslied entstand in unterschiedlichen Text- und Melodievarianten im 19. Jahrhundert. In der heute verbreiteten Version ist es seit 1870 überliefert, wobei die Textstrophen schon 1842 im Lied „Liebe in allen Farben“ von Hoffmann von Fallersleben und Ernst Richter in den „Schlesischen Volksliedern“ auftauchte (Mang/Mang 2007, S. 673 f.).

Bruder Jacob

Alter: ab drei Jahren
Anzahl der Teilnehmer:innen: beliebig
Materialien: Gläser oder Glasflaschen und Löffel
Vorbereitung: –

So wird es gemacht:
Alle, die möchten, bekommen ein Glas oder eine Flasche und einen Löffel. Gemeinsam wird das Lied gesungen. Bei der Zeile „Ding dang dong, ding dang dong“ schlagen alle behutsam mit dem Löffel gegen das Glas.

Bruder Jakob, Bruder Jakob,
schläfst du noch? Schläfst du noch?
Hörst du nicht die Glocken? Hörst du nicht die Glocken?
Ding dang dong, ding dang dong.
(französisches Kinderlied, 18. Jahrhundert)

Informationen zum Lied: Der im Original als „Frère Jaques“ bekannte, vierstimmige Kanon ist ein französisches Kinderlied aus dem 18. Jahrhundert (Loudon 1997).

Wir tanzen Walzer

Alter: ab vier Jahren
Anzahl der Teilnehmer:innen: beliebig
Materialien: Walzer-Musik (Dreivierteltakt), Stühle
Vorbereitung: Stuhlkreis

So wird es gemacht:
Alle sitzen im Stuhlkreis. Die pädagogische Fachkraft macht einen Walzer an und klatscht den Dreivierteltakt mit: 1 – 2 – 3, 1 – 2 - 3 usw. (lang: –; kurz: -; also: lang, kurz, kurz)

Anschließend wird der Takt mit den Füßen auf der Stelle getreten: 1 – 2 – 3, 1 – 2 - 3 usw.

Wer nun möchte, darf in die Kreismitte und den Walzerschritt kreuz und quer tanzen. Hilfreich ist es, wenn die pädagogische Fachkraft (und alle anderen stimmen mit ein), den Takt mit einem Gesang verdeutlicht:

1 – 2 - 3, 1 – 2 - 3: M – taa - taa, M – taa - taa
1 – 2 - 3, 1 – 2 - 3: M – taa - taa, M – taa - taa

Wenn ein älterer Mensch mit einem Partner oder einer Partnerin tanzen möchte, so darf er/sie gerne jemanden auffordern.

„Brüderchen, komm' tanz mit mir"

Alter: ab drei Jahren
Anzahl der Teilnehmer:innen: beliebig
Materialien: –
Vorbereitung: –

So wird es gemacht:
Die Kinder suchen sich eine:n sitzende:n Partner:in. Sie stellen sich vor den Stuhl. Es wird gesungen und zu zweit folgende Bewegungen gemeinsam getanzt.

Text	**Tanzbewegungen**
Brüderchen, komm, tanz mit mir,	Voreinander verbeugen.
beide Hände reich' ich dir,	Die Tänzer:innen reichen sich die Hände.

einmal hin, einmal her,	Gewicht nach rechts und links verlagern.
rundherum, das ist nicht schwer.	Die Tänzer:innen lassen sich an einer Hand los. Die sitzende Person hält den Arm weit weg von sich und hoch. Die stehende Person dreht sich unter dem Arm durch einmal um sich selbst.
Mit den Händchen klipp, klipp, klapp	Beide Hände werden losgelassen. Auf „klipp, klipp, klapp" dreimal in die eigenen Hände klatschen.
mit den Füßchen tripp, tripp, trapp.	Auf „tripp, tripp, trapp" dreimal mit den Füßen aufstampfen.
Einmal hin, einmal her, rundherum, das ist nicht schwer	Sie fassen sich wieder an den Händen. Gewicht nach rechts und links verlagern, anschließend wieder die Drehung.
Mit dem Köpfchen nick, nick, nick,	Auf „nick, nick, nick" dreimal mit dem Kopf nicken.
mit den Fingerchen tick, tick, tick.	Auf „tick, tick, tick" das Gegenüber mit dem Finger dreimal antippen.
Einmal hin, einmal her, rundherum, das ist nicht schwer.	Sie fassen sich wieder an den Händen. Gewicht nach rechts und links verlagern, anschließend wieder die Drehung.
Ei, das hast du gut gemacht, ei, das hätt' ich nicht gedacht.	Sich eine Hand geben und diese schütteln.
Einmal hin, einmal her, rundherum, das ist nicht schwer.	Sie fassen sich wieder an den Händen. Gewicht nach rechts und links verlagern, anschließend wieder die Drehung.
Noch einmal das schöne Spiel, weil es mir so gut gefiel.	–
Einmal hin, einmal her, rundherum, das ist nicht schwer.	Sie fassen sich wieder an den Händen. Gewicht nach rechts und links verlagern, anschließend wieder die Drehung.

Um auch die Mädchen direkt anzusprechen, sollte das Lied genauso oft, mit „Schwesterchen" gesungen werden!

Informationen zum Lied: Das Lied soll um 1800 in Tübingen entstanden sein. Der heute geläufige Text stammt von Adelheid Wette, der Schwester des Komponisten Engelbert Humperdinck, der das Lied 1893 neu vertonte (Quelle unbekannt).

Sitztanz

Alter: ab drei Jahren
Anzahl der Teilnehmer:innen: beliebig
Materialien: eingängige Musik im vier Viertvierteltakt (z. B. Schlager)
Vorbereitung: Stuhlkreis

So wird es gemacht:
Die pädagogische Fachkraft denkt sich zu einem Lied im Viervierteltakt einen Tanz aus. *Eine* Zählzeit – 1–2–3–4 ist *eine* Bewegung. Zunächst werden die einzelnen Bewegungen geübt und wiederholt. Anschließend können einige Übungen zusammengesetzt werden. Eine Auswahl an Tanzbewegungen, die im Sitzen durchgeführt werden, sind beispielsweise:

- am Platz marschieren
- am Platz marschieren und die Arme schwingen seitlich mit
- marschieren am Platz, Arme schwingen seitlich mit, dirigieren
- nur die Ferse aufsetzen
- nur die Zehenspitze auftippen
- Hände vor dem Körper ausschütteln
- Arme über die Seite nach oben recken und zurückführen
- Schultern hochziehen und fallen lassen
- Schulterkreisen
- Unterschenkel im Wechsel anheben und senken
- Rumpf nach rechts und links drehen
- Luftklavier spielen
- Beine ausschütteln

Stopptanz

Alter: ab drei Jahren
Anzahl der Teilnehmer:innen: beliebig
Materialien: aktivierende Musik, Stühle
Vorbereitung: Stuhlkreis

So wird es gemacht:
Alle bewegen sich entweder im Stuhlkreis oder auf dem Stuhl zur Musik. Wird die Musik gestoppt, verharren alle in ihren Bewegungen. Sind alle in ihren Be-

wegungen „eingefroren“, wird die Musik wieder angemacht und alle bewegen sich weiter ... bis die Musik wieder stoppt. Jede:r, der sich noch bewegt, wenn die Musik stoppt, scheidet aus.

Tüchertanz

Alter: ab drei Jahren
Anzahl der Teilnehmer:innen: beliebig
Materialien: Chiffontücher, aktivierende Musik im Viervierteltakt, Stühle
Vorbereitung: Stuhlkreis

So wird es gemacht:
Jede:r bekommt ein Tuch. Zunächst werden viele Bewegungen mit dem Tuch ausprobiert.

Beispiele:

- winken
- das Tuch mit gestrecktem Arm hoch- und runterführen
- Kreise vor dem Körper mit dem Tuch formen
- das Tuch hochwerfen und wieder auffangen
- das Tuch über dem Kopf der anderen Hand übergeben
- das Tuch ausschütteln
- Wischbewegungen mit dem Tuch machen

Anschließend werden die Bewegungen als Tanz zusammengesetzt und mehrmals wiederholt. Am einfachsten ist es, wenn eine Bewegungssequenz vier Zählzeiten lang ist und dann ein Bewegungswechsel stattfindet. Hilfreich ist es, die Bewegungen mit einer „Eselsbrücke“ zu versehen, z. B. „Fenster putzen“ bei Wischbewegung und „Staubtuch ausschütteln“ beim Tuch ausschütteln.

Am Ende des Tanzes sollten die Kinder die Gelegenheit bekommen, in der Kreismitte mit ihrem Tuch frei zur Musik zu tanzen.

Wir hören Schallplatten

Alter: ab drei Jahren
Anzahl der Teilnehmer:innen: beliebig
Materialien: Musik-Schallplatten, Schallplattenspieler
Vorbereitung: Die Bewohner:innen werden im Vorfeld gebeten, Schallplatten mitzubringen, falls sie noch welche haben.

So wird es gemacht:
Wer kennt heutzutage noch Schallplatten? Die pädagogische Fachkraft zeigt den Kindern, wie man Schallplatten abspielt. Gemeinsam hören sie Musik. Und wer möchte und kann, darf selbstverständlich schunkeln, mitsingen oder in der Kreismitte bzw. sitzend auf dem Stuhl tanzen.

Was müssen das für Bäume sein?

Alter: ab vier Jahren
Anzahl der Teilnehmer:innen: beliebig
Materialien: Stühle
Vorbereitung: Stuhlkreis

So wird es gemacht:
Im Stuhlkreis wird gemeinsam das Lied „Was müssen das für Bäume sein?" gesungen und die entsprechenden Bewegungen dazu ausgeführt.

Was müssen das für Bäume sein,	
wo die großen	Arme nach oben strecken
Elefanten spazierengehn,	Elefantenrüssel mit den Armen imitieren
ohne sich	Kopf schütteln
zu stoßen?	Hand gegen die Stirn drücken
Rechts sind Bäume,	nach rechts drehen, Arme auf der rechten Seite des Körpers bewegen
links sind Bäume,	nach links drehen, Arme auf der linken Seite des Körpers bewegen
und dazwischen Zwischenräume.	Rumpf wieder nach vorne drehen und vor dem Körper die Arme ausstrecken und hoch- und runterbewegen.
Wo die großen	Arme nach oben strecken

Elefanten spazierengehn,	Elefantenrüssel mit den Armen imitieren
ohne sich	Kopf schütteln
zu stoßen.	Hand gegen die Stirn drücken

Text und Melodie: überliefert

Zum Erlernen der Bewegungen und der Bewegungswechsel wird das Lied zunächst sehr langsam gesungen. Nach mehrmaligen Wiederholungen kann das Tempo gesteigert werden.

6.3 Spiele am Tisch

In der Wohnküche oder im Aufenthaltsraum des Seniorenheimes stehen viele Tische, an denen Kinder und Bewohner:innen gemeinsam Spiele spielen können. Bei der Auswahl der Spiele ist es wichtig, dass sie ohne große Vorbereitung zu spielen sind und die Regeln im Allgemeinen den Kindern und Bewohner:innen bekannt sind. Deshalb ist es sinnvoll, klassische Karten- und Gesellschaftsspiele oder auch Tischspiele ohne Material anzubieten.

Alle Vögel fliegen hoch!

Alter: ab drei Jahren
Anzahl der Teilnehmer:innen: beliebig
Materialien: –
Vorbereitung: –

So wird es gemacht:
Ein älteres Kind, Bewohner:in oder Fachkraft hat die Rolle der Spielleitung. Diese ruft „Alle Vögel fliegen hoch!" Derweilen trommeln alle Mitspieler:innen mit den Fingerspitzen auf die Tischkante oder auch mit den Handflächen auf die Tischplatte. Bei „Fliegen hoch!" recken alle Mitspieler:innen die Arme in die Luft. Anschließend ruft die Spielleitung ein weiteres Tier, z. B. „Alle Affen fliegen hoch!" Die Mitspieler:innen überlegen schnell, ob ein Affe fliegen kann oder nicht und recken ihre Arme dementsprechend bejahend hoch – oder eben nicht. Es können auch Gegenstände genannt werden, wie etwa „Alle Flugzeuge fliegen hoch!" oder „Alle Sandalen fliegen hoch!"

„Schwarzer Peter“

Alter: ab fünf Jahren
Anzahl der Teilnehmer:innen: zwei bis vier
Materialien: Schwarzer Peter-Kartenspiel
Vorbereitung: –

So wird es gemacht:
Jede:r Spieler:in bekommt die gleiche Anzahl an Karten. Falls jemand schon ein Paar hat, dürfen diese vor ihm abgelegt werden. Der Rest wird in der Hand behalten. Nun beginnt ein:e Spieler:in eine aus dem Kartenstapel jener/s Spieler:in zu ziehen, die/der rechts von ihm sitzt. Ist dabei ein neues Paar entstanden, darf dieses auch abgelegt werden. Nach diesem Prinzip geht es so lange im Kreis herum, bis alle Paare abgelegt sind. Wer am Ende die Karte mit dem „Schwarzen Peter“ zieht, hat das Spiel verloren.

Informationen zum Spiel: Der Name „Schwarzer Peter“ geht womöglich auf Johann Peter Petri, einen Räuberkumpanen des „Schinderhannes“ zurück, der das Spiel um 1811 im Gefängnis erfunden haben soll – wobei das Kartenspiel vermutlich in Wirklichkeit deutlich älter ist (Probst 2010). Der Begriff „Schwarzer Peter“ erscheint im Kontext des Alltagsrassismus problematisch, weshalb sich die Gestaltung von Karten-Varianten anbietet – vielleicht sogar zusammen mit den Kindern.

Puzzle

Alter: ab vier Jahren
Anzahl der Teilnehmer:innen: beliebig
Materialien: Stühle, Tisch, Bild in Din-A3
Vorbereitung: Ein Din-A3-Bild wird in etwa fünf Teile geschnitten (also fünf Puzzleteile). Diese Teile werden auf den zweiten Blick sichtbar und für Kinder erreichbar im Raum „versteckt“.

So wird es gemacht:
Die Teilnehmer:innen bekommen die Aufgabe, die Puzzleteile zu suchen und zum Tisch zu bringen. Am Tisch werden sie dann zusammengepuzzelt. Welches Bild entsteht? Kinder und ältere Menschen müssen sich zuvor absprechen, wer

auf die Suche geht und wer möglicherweise die ganze Zeit am Tisch sitzen bleibt und schon einmal mit dem Puzzeln beginnt, während die Puzzleteile geholt werden.

Es ist möglich, zwei Teams gegeneinander antreten zu lassen. Hierfür müssen zwei Puzzles in unterschiedlichen Farben „versteckt“ werden. Welches Team hat zuerst sein Puzzle fertig?

Memory

Alter: ab drei Jahren
Anzahl der Teilnehmer:innen: zwei bis vier
Materialien: Memory-Karten
Vorbereitung: –

So wird es gemacht:
Die Karten werden gemischt und verdeckt auf dem Tisch ausgebreitet. Der/die erste Spieler:in deckt zwei Karten auf. Sind diese identisch, so wird dieses Pärchen aus dem Spiel genommen und der/die Spieler:in bekommt sie. Wer ein Pärchen gefunden hat, darf gleich noch eine Runde spielen. Sind die zwei aufgedeckten Karten nicht identisch, so werden sie wieder umgedreht und der/die nächste Spieler:in ist an der Reihe. Das Ziel ist, möglichst viele Paare zu finden. Kinder merken sich oftmals viel besser als ältere Menschen, wo welche Karte war und erspielen sich rasch viele Kartenpaare. Im klassischen Memory-Spiel sind 32 Paare. Damit alle eine Chance haben, Pärchen zu finden, können die Anzahl der Paare zunächst halbiert werden. So können sich alle Spieler:innen die Position der Karten leichter merken. Möglich ist auch, dass bei ungleichen Karten, nur eine der Karten wieder umgedreht wird und eine offen liegenbleibt. So entstehen von Runde zu Runde mehr offene Karten, sodass schneller Paare gefunden werden können.

Idee: Ein Memoryspiel kann mit selbst gestalteten Karten den Spieler:innen angepasst werden. Beispielsweise können Fotos der Kinder und der Bewohner:innen ausgedruckt und in Spielkartenform gestaltet werden.

Information zum Spiel: Das Spiel „Memory“ erschien 1959 erstmals im Verlag Otto Maier (heute: Ravensburger Spieleverlag; deutschlandfunk.de 2019).

„Bingo!“

Alter: ab vier Jahren
Anzahl der Teilnehmer:innen: Kleingruppe
Materialien: „Bingo“-Zettel für alle Mitspieler:innen, Zettel, Kästen mit Symbolen darauf (fünf mal fünf Kästen und die Symbole sind auf jedem Zettel in anderen Kästchen. (Als Symbole eignen sich: Sonne, Blume, Haus, Baum, Hase), Korb, Stifte
Vorbereitung: Es werden Zettel mit einer Tabelle (fünf mal fünf Kästchen) angefertigt. Jedes Kästchen wird mit jeweils einem Symbol versehen: Sonne, Blume, Haus, Baum und Hase.

Es werden kleine Zettel ausgeschnitten. Auf jeden wird ein Symbol gemalt. Die Anzahl der Symbol-Zettel muss nicht gleich hoch sein. Die Zettel werden geknickt und in den Korb gelegt.

So wird es gemacht:
Jede:r Mitspieler:in bekommt einen Bingozettel und einen Stift. Die Spielleitung zieht einen Zettel aus dem Korb, öffnet ihn und ruft das Symbol, welches darauf ist, z. B. „Sonne!“ Schnell müssen jetzt alle Teilnehmer:innen auf ihren Zettel gucken und die Sonnen, die sie darauf finden, durchstreichen. Danach wird dieser Zettel zur Seite gelegt und ein neuer wird gezogen. Wenn jemand eine Reihe durchgestrichen hat, ruft er/sie „Bingo!“ und hat die Spielrunde gewonnen.

Variation:
Wenn das Spiel für die jüngeren Kinder zu schwer ist, können Teams gebildet werden. Ein:e Bewohner:in spielt immer mit einem Kind zusammen mit einem Zettel.

Information zum Spiel: Der Begriff Bingo wurde 1929 von dem US-Amerikaner Edwin Lowe eingeführt.

6.4 Kreatives Gestalten

Viele alte Menschen sind überfordert, prozessorientiert zu gestalten. Entgegen der Vorgehensweise in einer Kita sollte beim gemeinsamen Gestalten mit alten Menschen und Kindern ein Rahmen vorgegeben sein, etwa eine Vorlage oder ein angepeiltes Produkt. Bei der Auswahl der Gestaltungsaktivität ist ein Bezug zwischen Kind und Senior/Seniorin erstrebenswert. Es geht darum, etwas gemeinsam zu machen und zu kommunizieren – und nicht darum, nebeneinander her zu agieren.

Im Gestaltungsbereich wird oftmals mit Farben oder Kleister gearbeitet. Um die Kleidung vor Flecken zu schützen, ziehen Kinder einen Malkittel an. Für einige Bewohner:innen des Seniorenheimes ist möglicherweise eine Schürze dem Malkittel vorzuziehen. Diese lässt sich einfacher an- und ausziehen und sie fühlen sich nicht „verkleidet".

Große Hände, kleine Hände

Alter: ab drei Jahren
Anzahl der Teilnehmer:innen: Kleingruppe
Materialien: Gips, Wasser, flache Schale in der Größe zweier Hände, Handtücher, feuchter Waschlappen, Schürzen oder Malkittel, Malunterlage
Vorbereitung: Die Teilnehmer:innen ziehen sich Malkittel an. Die Tische werden mit einer Malunterlage versehen. Die Materialien werden auf den Tisch gestellt.

So wird es gemacht:
Die Malkittel werden angezogen. Jeweils ein:e Bewohner:in und ein Kind bilden ein Team. Mithilfe der pädagogischen Fachkraft geben sie Gips und das Wasser in eine Schale. Beides wird so miteinander vermischt, dass eine breiige Masse entsteht. Der Gips-Wasser-Brei wird in die Form gegossen. Nun spreizen sie eine Hand und machen sie ganz flach. Sie drücken nebeneinander eine Hand in den Gips und ziehen sich behutsam wieder heraus. Gipsreste an der Hand können schnell mit einem nassen Waschlappen und einem Handtuch entfernt werden. Fertig ist der Gipsabdruck, der nun noch circa 15 Minuten trocknen muss.

Nach dem Trocknen, kann das Gipsbild mit Acrylfarben (Achtung, nicht für kleine Kinder geeignet!) bemalt werden.

Abschließend stellen sich die Teams gegenseitig ihre Handbilder vor. Wer hat die größte Hand? Wer hat eine kleine Hand? Waren die großen Hände auch einmal so klein?

Blumentöpfe bemalen

Alter: ab drei Jahren
Anzahl der Teilnehmer:innen: Kleingruppe
Materialien: Blumentöpfe aus Ton, Fingermalfarben, Pinsel, Malkittel, Malunterlage
Vorbereitung: Die Teilnehmer:innen ziehen sich Malkittel an. Die Tische werden mit einer Malunterlage versehen. Die Materialien werden auf den Tisch gestellt.

So wird es gemacht:
Die Malkittel werden angezogen. Jeweils ein Kind und ein:e Bewohner:in bildet ein Team. Jedes Team bekommt einen Blumentopf, den sie zusammen mit Fingerfarben (entweder mit den Fingern oder mit einem Pinsel) gestalten können. Wenn die Farbe getrocknet ist, können beim nächsten Treffen Blumen hineingepflanzt werden.

Steine bemalen

Alter: ab drei Jahren
Anzahl der Teilnehmer:innen: Kleingruppe
Materialien: Tische, Stühle, Malkittel, Tischdecke zum Unterlegen, zuvor gesammelte Steine, Steinmalfarben
Vorbereitung: Die pädagogische Fachkraft sammelt mit den Kindern ca. faustgroße Steine. Die Teilnehmer:innen ziehen sich Malkittel an. Die Tische werden mit einer Malunterlage versehen. Die Materialien werden auf den Tisch gestellt.

So wird es gemacht:
Die Malkittel werden angezogen. Kinder und Bewohner:innen bemalen Steine mit Steinmalfarben.

Abschließend werden gemeinsam Orte, z. B. im Garten, im Innenhof oder im Eingangsbereich des Seniorenheimes gesucht, an die die Steine zur Dekoration gelegt werden. Auch als Handschmeichler oder Dekoration für die eigene Wohnung sind sie zu verwenden.

Tischsets gestalten

Alter: ab drei Jahren
Anzahl der Teilnehmer:innen: Kleingruppe
Materialien: DIN-A4-Folie, Zeitschriften, Reisekataloge, Spielzeugkataloge u. Ä., Scheren, Klebestifte, Laminiergerät
Vorbereitung: Die Materialien werden auf den Tisch gelegt.

So wird es gemacht:
Ein Kind und ein Erwachsener bilden ein Gestaltungsteam. Sie bekommen eine Folie, sowie Zeitschriften, Reise- und Spielzeugkataloge. Sie schneiden Bilder aus, die sie ansprechend finden und kleben sie auf die Folie. Hierbei müssen sie sich absprechen und miteinander kommunizieren: „So einen Teddy hätte ich gerne!“ „Oh, so einen ähnlichen Bären hatte ich als Kind.“ Anschließend wird die Folie laminiert.

Schneekugeln

Alter: ab drei Jahren
Anzahl der Teilnehmer:innen: Kleingruppe
Materialien: saubere Gläser mit Deckel, kleine Spielfiguren aus Plastik, Wasser, Heißklebepistole, Teelöffel, Kunstschnee (in Läden für Bastelbedarf erhältlich)
Vorbereitung: Die Kinder bringen von zu Hause kleine Spielfiguren mit, die sie nicht mehr benötigen.

So wird es gemacht:
Jede:r Teilnehmer:in bekommt ein Glas und sucht sich eine oder zwei Figur(en) aus. Mithilfe der Fachkraft wird die Figur mit der Heißklebepistole in das Innenteil des Deckels geklebt. Nun muss der Kleber erst einmal trocknen.

Das Glas (passend zum Deckel) wird mit Wasser gefüllt. Anschließend wird ein Teelöffel Kunstschnee in das Wasser gegeben. Zuletzt wird der Deckel mit der aufgeklebten Figur auf das Glas geschraubt. Die pädagogische Fachkraft dreht jedes Glas noch einmal ganz fest zu.

Nun kann das Glas umgedreht und vorsichtig geschüttelt werden.

Teller bemalen

Alter: ab drei Jahren
Anzahl der Teilnehmer:innen: Kleingruppe
Materialien: weiße, staubfreie Porzellanteller, Porzellanstifte, Backofen
Vorbereitung: –

So wird es gemacht:
Die Malkittel werden angezogen. Ein Kind und ein:e Bewohner:in bilden ein Team. Sie bekommen einen Teller, den sie gemeinsam mit den Porzellanstiften bemalen. Hierfür müssen sie sich absprechen. Soll ein Muster gemalt werden? Oder ein Motiv? Welches Motiv?

Nach dem Bemalen werden die Teller im Backofen für ca. 20 Minuten bei 160 Grad gebrannt.

Die Seniorenheimbewohner:innen dürfen den Teller mitnehmen. Die Kinder haben die Möglichkeit, in der Kita noch einen Teller für sich zu bemalen.

Kerzen gestalten

Alter: ab vier Jahren
Anzahl der Teilnehmer:innen: Kleingruppe
Materialien: dicke, weiße Kerzen, dünne Wachsplatten in verschiedenen Farben, Schere, Föhn, Malunterlage
Vorbereitung: Der Tisch wird mit der Malunterlage abgedeckt und die Materialien bereitgestellt.

So wird es gemacht:
Die Malkittel werden angezogen. Jedes Kind und jede:r Bewohner:in bekommt eine Kerze. Nach Belieben nimmt sich jede:r etwas Wachs, der mit dem stumpfen Messer abgeschnitten wird. Das Wachs wird in den Händen erwärmt, geformt und kann dann auf die Kerze geklebt werden. Wenn das Wachs nicht gut an der Kerze haftet, kann mit der warmen Luft des Föhns nachgeholfen werden.

Entweder werden die Kerzen bei den Treffen angezündet oder sie dürfen mit nach Hause genommen werden. Um Taschen und Kleidung nicht zu beschädigen, sollten die Kerzen am besten in Butterbrotpapier eingepackt werden.

Zauberbilder gestalten

Alter: ab drei Jahren
Anzahl der Teilnehmer:innen: Kleingruppe
Materialien: weißes DIN-A3-Papier, Wasserfarben, Pinsel, Wasser, Malunterlage, Malkittel
Vorbereitung: Der Tisch wird mit der Malunterlage abgedeckt und die Materialien bereitgestellt. Das DIN-A3-Papier wird in der Mitte geknickt und wieder aufgeklappt.

So wird es gemacht:
Die Malkittel werden angezogen. Jeweils ein Kind und ein:e Bewohner:in bilden ein Team. Sie bekommen ein DIN-A3-Papier. Nun bemalen sie eine Hälfte des Papiers (bis zum Knick). Sie knicken es und streichen mit der Hand über das Papier. Vorsichtig wird das Papier wieder auseinandergeklappt – und das Kunstwerk bewundert. Es wird zum Trocknen zur Seite gelegt, und es kann ein weiteres Kunstwerk gestaltet werden.

Bei älteren Kindern können auch kleine Vorgaben gemacht werden, wie etwa die Hälfte eines Schmetterlings zu malen. Beim Auseinanderfalten ist der Schmetterling dann vollständig auf dem Papier.

Teelichtgläser gestalten

Alter: ab drei Jahren
Anzahl der Teilnehmer:innen: ab Kleingruppe
Materialien: saubere, tiefe Gläser, Transparentpapier in verschiedenen Farben, Schälchen, Kleister, Pinsel Malunterlage, Malkittel, Teelichter
Vorbereitung: Der Kleister wird angerührt. Der Tisch wird mit der Malunterlage abgedeckt und die Materialien bereitgestellt.

So wird es gemacht:
Die Malkittel werden angezogen. Das Transparentpapier wird in Schnipsel gerissen und nach Farben geordnet in Schälchen verteilt. Jedes Kind und jeder Erwachsene bekommt ein Glas, das von außen mit Kleister bestrichen und mit den Schnipseln beklebt wird. Abschließend werden die Gläser zum Trocknen weggestellt.

Sind die Gläser getrocknet, werden sie auf den Tischen verteilt. In jedes Glas wird ein Teelicht gestellt und angezündet. Nun könne alle Teelichtgläser nochmals in Ruhe bestaunt werden.

Eine Blumenwiese im Haus

Alter: ab drei Jahren
Anzahl der Teilnehmer:innen: ab zwei Jahren
Materialien: Pappteller, Fingermalfarbe, Wasserfarben, Pinsel, Scheren, Klebstoff, grüner Tonkarton, Flipchart-Papier oder Tapetenrolle (= eine große Papierfläche), Malunterlage
Vorbereitung: Der Tisch wird mit der Malunterlage abgedeckt und die Materialien bereitgestellt.

So wird es gemacht:
Alle bekommen einen Pappteller, der die Blüte der Blume symbolisiert. Diese darf nun wahlweise mit Fingerfarbe oder mit Wasserfarben bunt bemalt werden. Dafür können Finger oder Pinsel genutzt werden. Die Pappteller werden zum Trocknen zur Seite gelegt.

Nun wird aus grünem Tonkarton ein Stängel ausgeschnitten. Anschließend wird der Pappteller wieder zur Hand genommen und jeweils am Rand bis zur ersten Markierung des Tellers im möglichst gleichen Abstand ein Schnitt gemacht. Das sind die einzelnen Blüten. Der Stängel wird von hinten so an den Pappteller geklebt, dass er unten herausragt.

Abschließend werden alle Blumen auf das große Papier geklebt. Was für eine herrliche Blumenwiese!

Kirchenfenster

Alter: ab vier Jahren
Anzahl der Teilnehmer:innen: 2–4
Materialien: Malunterlage, Malkittel, Kleister, Pinsel, Transparentpapier, Scheren, Klappleiter/Hocker, Stühle, ggf. Buch über Kirchenfenster
Vorbereitung: Der Kleister wird angerührt. Ein zur Gestaltung geeignetes Fenster wird ausgesucht und ggf. die Fensterbank frei geräumt, mit einer Malunterlage abgedeckt und die Materialien bereitgestellt. Es werden Stühle dazu gestellt.

So wird es gemacht:

Die pädagogische Fachkraft fragt: Wer war schon einmal in einer Kirche? Welche Fenster waren dort? Wie sahen sie aus? Die Kinder und Bewohner:innen berichten von ihren Erlebnissen. Zur Veranschaulichung können gemeinsam Bilder aus einem Buch über Kirchen betrachtet werden. Alternativ dazu kann man sich kostenlos im Internet Fotos von Kirchenfenstern betrachten. Welche Farben haben die Fenster? Sind Figuren auf der Glasscheibe zu erkennen?

Zur Info: Kirchenfenster wurden früher bunt gestaltet, damit die Menschen in der Kirche nicht während des Gottesdienstes abgelenkt wurden und einfach aus dem Fenster schauten. Manchmal sind auch kleine Bibelgeschichten, die im Fenster dargestellt werden, zu erkennen (vgl. http://www.kirche-entdecken.de/altarraum/die-kirchenfenster).

Die Malkittel werden angezogen. Die Fachkraft geht mit den Teilnehmenden zum vorbereiteten Fenster. Die Kinder und alten Menschen bepinseln die Scheibe mit Kleister, schneiden das Transparentpapier in Stücke und kleben sie auf. Das ganze Fenster darf zugeklebt werden. Je nach Fähigkeiten und Konstitution der Bewohner:innen sollten diese den unteren bekleben, während die Kinder auf die Leiter klettern können und den oberen Teil des Fensters gestalten.

Spritztechnik

Alter: ab drei Jahren
Anzahl der Teilnehmer:innen: Kleingruppe
Materialien: Malunterlage, Malkittel, Zahnbürsten, kleine Siebe, Wasser, Farben, Gläser mit Wasser, Papier
Vorbereitung: Der Tisch wird mit der Malunterlage abgedeckt. Die Materialien werden bereitgestellt.

So wird es gemacht:

Die Malkittel werden angezogen. Jede:r bekommt ein Blatt Papier, eine Zahnbürste und ein kleines Sieb. Die Zahnbürste wird über eine ausgesuchte Farbe aus dem Wasserfarbenkasten gebürstet, sodass die Farbe an der Zahnbürste haften bleibt. Nun wird das Sieb mit einer Hand gehalten, und die andere Hand führt die Zahnbürste mehrfach darüber, sodass die Farbspritzer auf dem Papier landen. Danach wird die Zahnbürste (wie ein Pinsel) ausgewaschen und mit einer neuen Farbe weiter gestaltet – bis das Bild für fertig erklärt wird.

Drucken

Alter: ab drei Jahren
Anzahl der Teilnehmer:innen: Kleingruppe
Materialien: Malunterlage, Malkittel, Fingermalfarben, Schälchen, Pinsel, Gläser mit Wasser, Dinge, die sich zum Drucken eignen, wie zerschnittene Schwämme, Kartoffelstücke, Herbstblätter oder auch Korken, Papier
Vorbereitung: Der Tisch wird mit der Malunterlage abgedeckt. Die Materialien werden bereitgestellt. Jede Fingerfarbe wird in ein Schälchen gefüllt.

So wird es gemacht:
Die Malkittel werden angezogen. Die Gegenstände werden mit dem Pinsel mit Fingerfarben bestrichen und auf das Papier gedruckt.

Nass-in-Nass-Technik

Alter: ab drei Jahren
Anzahl der Teilnehmer:innen: Kleingruppe
Materialien: Malunterlage, Malkittel, Wasser, Gläser, Pinsel, Wasserfarben, Papier (bevorzugt Aquarellpapier)
Vorbereitung: Der Tisch wird mit der Malunterlage abgedeckt. Die Materialien werden bereitgestellt.

So wird es gemacht:
Die Malkittel werden angezogen. Die Kinder und Bewohner:innen bekommen Papier. Das Papier wird mit einem Pinsel mit Wasser bestrichen. Nun werden zwei bis drei Farben auf das nasse Papier gepinselt.

Salz-Bilder

Alter: ab drei Jahren
Anzahl der Teilnehmer:innen: Kleingruppe
Materialien: Malunterlage, Malkittel, Wasser, Gläser, Pinsel, Aquarellfarben, Aquarellpapier, Speisesalz in einem Schälchen, Teelöffel
Vorbereitung: Der Tisch wird mit der Malunterlage abgedeckt. Die Materialien werden bereitgestellt.

So wird es gemacht:
Die Malkittel werden angezogen. Alle bekommen ein Blatt Aquarellpapier, Das Papier wird mit unterschiedlichen Aquarellfarben bemalt. Das komplette Papier sollte mit Farben bedeckt sein. Nun wird Salz über das Bild gestreut. Es lässt sich beobachten, dass das Salz die nasse Farbe verdrängt und so ein Muster auf dem Papier erzeugt wird.

Frottage-Technik

Alter: ab drei Jahren
Anzahl der Teilnehmer:innen: Kleingruppe
Materialien: Papier, Buntstifte, Gegenstände, die eine Oberfläche mit Struktur haben, z. B. Münzen oder auch Blätter vom Baum.
Vorbereitung: Der Tisch mit mit der Malunterlage abgedeckt. Die Materialien werden bereitgestellt.

So wird es gemacht:
Alle bekommen Papier und dürfen sich den ersten Gegenstand aussuchen. Das Papier wird über den Gegenstand gelegt und mit Buntstiften bemalt. Die Struktur des Gegenstandes überträgt sich auf das Papier.

Murmelbilder

Alter: ab drei Jahren
Anzahl der Teilnehmer:innen: Kleingruppe
Materialien: Schuhkartondeckel, Papier in Schuhkartondeckelgröße, Fingerfarben, Murmeln
Vorbereitung: Der Tisch mit der Malunterlage wird abgedeckt. Die Materialien werden bereitgestellt.

So wird es gemacht:
Die Malkittel werden angezogen. Das Papier wird in den Deckel des Kartons gelegt. (Wenn das Papier zu klein für den Karton ausfällt, sollte es mit Klebeband dort fixiert werden.) Auf das Papier wird großzügig, versetzt und mit unterschiedlichen Farben Fingerfarbe gekleckst. Nun kommt die Murmel zum Einsatz. Diese wird auf das Bild gelegt. Nun wird der Kartondeckel in die Hände

genommen und so bewegt, dass die Murmel durch die Farbkleckse rollt und Farbspuren hinterlässt.

Variation: Es können auch Spielzeugautos durch die Farbkleckse fahren und Spuren hinterlassen.

Ein Atelier im Seniorenheim

Wenn es die Räumlichkeiten im Seniorenheim zulassen, so kann ein Atelier mit Staffeleien, Stühlen und Tischen eingerichtet werden. An einem bestimmten Tag in der Woche zu einer bestimmten Uhrzeit haben – je nach Raumgröße – bis zu zwei Bewohner:innen und zwei Kinder die Möglichkeit, frei mit den angebotenen Materialien zu gestalten. Eine pädagogische Fachkraft sollte dabei sein, um bei Bedarf zu helfen und Impulse zu geben.

Um einen Rahmen zu geben, sollte stets ein Thema bzw. ein Schwerpunkt festgelegt sein. Dieser/s kann sich beispielsweise auf folgende Kriterien beziehen:

- unterschiedliche Papiere, auf denen gemalt und gezeichnet wird (z. B. Aquarellpapier, Zeichenpapier oder Leinwände).
- Unterschiedliche Farben, mit denen gestaltet wird (z. B. Wasserfarben, Aquarellfarben, Fingerfarben, Wachsmalfarben oder Buntstifte).
- unterschiedliche Materialien, mit denen gestaltet wird (z. B. Watte, Wollen oder Alltagsmaterialien)
- unterschiedliche Gestaltungstechniken, die vermittelt werden, bei denen sowohl Kinder als auch Erwachsene gleichermaßen interessante Bilder gestalten können (z. B. Spritztechnik, Drucken, Murmelbilder, Salz-Bilder oder Nass-in-Nass-Technik).
- ein Thema vorgeben, welches die Teilnehmenden mit unterschiedlichen Materialien individuell umsetzen. Zum Beispiel: Tiere, Zirkus, Blumen oder Reisen.

Wertschätzend für die Künsterl:innen und bereichernd für alle Bewohner:innen des Seniorenheims sind Ausstellungen, in denen ausgesuchten Kunstwerke aus dem Atelier präsentiert werden. Die Ausstellung sollte in einem großen Raum stattfinden (wie etwa dem Restaurant des Seniorenheims oder eines Gemeinschaftsraumes).

Die Bilder werden ansprechend präsentiert. Hierfür wäre es schön, vorher alte Rahmen zu sammeln, in denen die Bilder gut zur Geltung kommen. Neben jedes Bild wird ein kleines Schild angebracht mit dem Namen der Künstlerin/des Künstlers und dem Titel des Bildes (wenn es einen gibt).

Je nach räumlicher und organisatorischer Möglichkeiten, können alle Bewohner:innen des Seniorenheimes und auch deren Familienangehörigen ebenso wie die Angehörigen der Kinder eingeladen werden. Wichtig ist, dass die Bewohner:innen des Seniorenheims rechtzeitig zur Ausstellung eingeladen werden, denn einige von ihnen müssen sicherlich begleitet werden.

Schön wäre es, wenn die Besucher:innen und die Künstler:innen über die Bilder miteinander ins Gespräch kommen und ein Glas Wasser oder Orangensaft gemeinsam zu trinken.

7. Gemeinsame Aktivitäten außerhalb

Wenn es die Gegebenheiten der Außenanlage des Seniorenheims zulassen und es den Bewohner:innen physisch möglich ist, können auch draußen gemeinsame Aktivitäten durchgeführt werden.

7.1 Ein Beet anlegen

Einige der Seniorenheimbewohner:innen hatten sicher selbst einen Garten, den sie bepflanzt und gepflegt haben. Und Kinder haben insbesondere in Städten wenig Gelegenheit, Gartenarbeit in all ihren Facetten kennenzulernen. Ein gemeinsam gestaltetes Beet ist ein hervorragendes Projekt, bei dem ältere Menschen und Kinder ein gemeinsames Thema haben. Schon ein kleines Beet reicht dafür aus. Ältere Menschen können ihr Wissen einsetzen und den Kindern etwas über das Gärtnern beibringen. Kinder haben in der Regel Freude an der Gartenarbeit. Wenn es nicht möglich ist, ein Beet im Außenbereich des Seniorenheims für das Projekt zu bekommen, so können alternativ auch Balkonkästen und Topfblumen auf der Terrasse oder einem Balkon genutzt werden.

Grundsätzlich sollten die Samen und Setzlinge so ausgewählt sein, dass sie pflegeleicht, ungiftig und schnell wachsend sind. Als Gemüse bieten sich Karotte, kleine Tomaten, Gurken und Radieschen an. Schon nach wenigen Wochen können sie geerntet und roh gegessen werden. Als Früchte sind Beeren für Kinder leicht zu ernten und sie werden gerne gegessen. Erdbeeren, Himbeeren und Johannisbeeren sind süß und können auch roh gegessen werden. Blumen sollten auf dem Beet nicht fehlen. Sie sehen schön aus und locken Insekten an, welche die Kinder gerne beobachten.

7.2 Vögel im Winter versorgen

Kinder und auch ältere Menschen sind gleichermaßen fasziniert vom Treiben der einheimischen Vögel in der Winterzeit. Meisen, Rotkehlchen und andere Singvögel machen interessante Geräusche und sehen hübsch aus. Wenn man Glück hat, lassen sie sich gut beobachten. Manche von ihnen sind auch zutraulich. Im Winter haben die einheimischen Singvögel Schwierigkeiten, Futter zu finden. Circa fünf Kinder und Bewohner:innen bilden eine „Vogelgruppe". Sie planen die Verkostung der Vögel im Winter und setzen ihre Pläne um. Dieses Projekt sollte über mehrere Wochen laufen. Erst dann ist ein Bezug zu den Vögeln richtig möglich. Im Folgenden sind drei unterschiedliche Varianten beschrieben, wie Futterstellen gestaltet werden können. Anschließend wird gemeinsam überlegt und festgelegt, wo das (oder mehrere) Futterhäuser aufgehängt wird/werden. Dabei spielen folgende Kriterien eine Rolle:

- Wo sind Vögel, die Futter brauchen?
- Wo ist ein Platz, an dem die Vögel ungestört fressen können?
- Gibt es Feinde der Vögel, die ihnen das Futter wegschnappen könnten?
- Ist es möglich, an diesem Platz ins Futterhaus zu schauen und bei Bedarf Futter nachzufüllen?
- Können alle Teilnehmer:innen das Futterhaus sehen (z. B. auch Menschen, die sich mittels Rollator fortbewegen)?

Ist ein Platz gefunden, so wird das Futterhaus dort befestigt und mit Vogelfutter befüllt. Als Vogelfutter eignen sich beispielsweise Sonnenblumenkerne, Haferflocken und Weizen.

Bei jedem Besuch im Seniorenheim können die Kinder, gemeinsam mit den Bewohner:innen überprüfen, wie viel Futter noch da ist. Vielleicht können sie die Vögel auch beim Fressen beobachten?

- Welche Vogelarten sind das?
- Wie sehen sie aus?
- Wie bewegen sie sich?
- Wie viel fressen sie?
- Kommen immer dieselben Vögel oder stets unterschiedliche?
- Vielleicht bekommen die Vögel sogar Namen? Vielleicht werden sie gemalt?

Ein Futterhäuschen bauen

Alter: ab 3 Jahren
Anzahl der Teilnehmer:innen: Kleingruppe
Materialien: Milchtüte o. Ä., Schere, Wollfaden, kleiner Bohrer
Vorbereitung: Die Milchtüten müssen ausgewaschen werden.

So wird es gemacht:

In die Vorderseite der Milchtüte wird ein großes Loch geschnitten. In die Laschen oben werden mit einem Bohrer Löcher gebohrt, durch die ein Wollfaden gezogen wird. An dem Wollfaden kann das Futterhaus an einem Baum aufgehängt werden. Gegebenenfalls kann das Fütterhäuschen auch bemalt werden.

Kiefernzapfenfutterstellen

Alter: ab drei Jahren
Anzahl der Teilnehmer:innen: Kleingruppe
Materialien: große Kiefernzapfen, Honig, Löffel, Vogelfutter (Sonnenblumenkerne, Haferflocken, Trockenobst, ...), einen Teller, Wolle, Schere
Vorbereitung: –

So wird es gemacht:

Die Kiefernzapfen werden großzügig mit Honig (mithilfe des Löffels) bestrichen. Das Vogelfutter wird auf einem großen Teller ausgebreitet und der Kiefernzapfen so über den Teller gerollt, dass das Vogelfutter am Zapfen kleben bleibt. Abschließend wird ein Wollfaden am Zapfen befestigt, so dass der Kiefernzapfen aufgehängt werden kann.

Futtergirlanden gestalten

Alter: ab vier Jahren
Anzahl der Teilnehmer:innen: Kleingruppe
Materialien: Draht, Zange zum Drahtschneiden, Stricknadeln, Erdnüsse, Trockenobst
Vorbereitung: –

So wird es gemacht:

Erdnüsse und Trockenobst werden mithilfe einer Stricknadel durchbohrt. Durch die Löcher wird ein Draht gezogen. Die Enden des Drahts werden so verbunden, dass sich kein Mensch und kein Vogel daran verletzen kann.

7.3 Spaziergänge

Kinder und ältere Menschen, die möglicherweise nicht mehr so weite Strecken zu Fuß bewerkstelligen können, sind gute Partner:innen beim Spazierengehen.

Gehen trägt zum Erhalt der körperlichen Gesundheit bei. Auch psychisch tut es gut, nicht alleine zu gehen. Zum einen merkt man oft gar nicht, wie viel man in Gesellschaft schon gelaufen ist und zum anderen fühlen sich gerade Menschen, die körperliche Einschränkungen haben, in der Gruppe sicherer. Es muss darauf geachtet werden, das alle Spaziergänger:innen den Weg gut bewältigen können, beispielsweise hätten Menschen, die an einem Rollator gehen, Schwierigkeiten auf einem Schotterweg.

Es ist gut, ein Ziel zu haben. Das muss nicht spektakulär sein. Wichtig ist lediglich, dass sich die Kinder am Ziel frei bewegen können, wie etwa auf einem Spielplatz oder in einem Park. Für die Bewohner:innen ist von Bedeutung, dass es dort Sitzgelegenheiten zum Ausruhen gibt. Ein kleines Picknick trägt zum Gemeinschaftsgefühl der Spaziergruppe bei.

Auf den Wegen kann es allerhand zu entdecken geben. Kinder entdecken ein besonderes Haus oder einen interessanten Käfer, den die anderen vielleicht gar nicht wahrgenommen hätten – und die Bewohner:innen kennen vielleicht eine spannende Geschichte, wer früher einmal in diesem interessanten Haus gewohnt hat.

Beispielaktivitäten

Ein Hut, ein Stock, ein Regenschirm

Lange Strecken können durch den alten Klassiker interessanter gestaltet werden:
Bei jeder Silbe gehen alle einen Schritt:

„Und eins, und zwei, und drei, und vier, und fünf, und sechs und sieben und acht.
Ein Hut, ein Stock, ein Regenschirm.
Und Vorwärts, rückwärts, seitwärts, ran. (stehenbleiben und einen Fuß nach vorne, nach hinten, zur Seite setzen und wieder neben den anderen stellen)
Hacke, Spitze, hoch das Bein." (Fuß mit der Ferse aufsetzen, mit der Spitze und dann das ganze Bein anheben.)
Text und Melodie: Entstehung unbekannt

Auch ein gemeinsam gesungenes Wanderlied kann eine längere Gehstrecke verkürzen:

Das Wandern ist des Menschens Lust,
Das Wandern ist des Menschens Lust, das Wandern.

Das muss ein komischer Mensch gewesen sein, dem niemals fiel das Wandern ein, dem niemals fiel das Wandern ein, das Wandern.
Text: Wilhelm Müller (1821)
Melodie: Franz Schubert (1823)
(nach der Melodie „Das Wandern ist des Müllers Lust")

Aus dieser Strophe können die Kinder „Quatschstrophen" machen, die dann von allen gesungen werden, z. B.

„Das Wandern ist des Hundes Lust" oder „Das Wandern ist des Batmans Lust."

7.4 Die Kinder laden die Bewohner:innen in die Kita ein

Es ist organisatorisch einfacher, wenn Kinder die Menschen im Seniorenheim besuchen, als umgekehrt. Viele Bewohner:innen brauchen Unterstützung auf dem Weg und während des Besuches in der Kita. Auch, wenn regelmäßige Treffen aufgrund der personellen Ausstattung schwer zu organisieren sind, so escheinen jedoch vereinzelte Besuche von circa vier Personen realistisch.

Bevor die Einladungen ausgesprochen werden, muss geklärt sein, ob die alten Menschen ggf. mit einem Rollator oder Rollstuhl einen barrierefreien Zugang zur Kita haben. Des Weiteren muss es die Möglichkeit geben, die sanitären Anlagen dort aufzusuchen. Ist das gegeben, sollte möglichst eine Zeit am Tag ausgesucht werden, in der Kinder vor allem in den Gruppenräumen sind – und weniger auf dem Flur spielen. Viele ältere Menschen haben ein Hörgerät und eine laute Geräuschkulisse erschwert ihnen das gezielte hören. Die Besucher:innen benötigen Stühle, auf denen sie gut und sicher Platz nehmen können. Kinderstühle oder Drehhocker der Fachkräfte sind nicht geeignet.

Es ist möglich, dass die Bewohner:innen des Seniorenheimes die Kita-Gruppe besuchen, um z. B. an einem gemeinsamen Morgenkreis teilzunehmen. Vielleicht möchten die Besucher:innen sich auch einfach das Spielmaterial von den Kindern zeigen lassen, sie im Freispiel beobachten und etwas mitspielen. Denkbar sind auch angeleitete Gestaltungsangebote. Hierzu müssen Tische und

Stühle für die Besucher:innen in den Raum gestellt werden. Ebenso möglich ist es, den Besuch mit den Kindern vorzubereiten, wie etwa ein gemeinsames Frühstück, eine Adventsfeier mit Gesang und Keksen oder ein Theaterstück.

8. Gemeinsam feiern

Das Jahr wird durch unterschiedliche Feiertage strukturiert. Alle Generationen kennen hierzulande die christlichen Feiertage wie Weihnachten, Ostern oder auch Erntedankfeste. In manchen Regionen wird darüber hinaus Wert auf eine Karnevalsfeier gelegt. Diese Feste tauchen in der pädagogischen Arbeit der Kita und auch in anderer Form im Seniorenheim auf. Hier bietet es sich an, die ein oder andere Feier gemeinsam auszurichten. Der Sozialdienst der Altenpflegeeinrichtung und die pädagogischen Fachkräfte der Kita müssen hierfür feste Termine und Räume festlegen, in denen ein Fest mit vielen Menschen durchgeführt werden kann. Im Folgenden werden einige Ideen für Feiern beschrieben.

8.1 Jahrmarkt

Jahrmärkte gibt es schon seit dem Mittelalter. Ein Jahrmarkt, auch Kirmes oder Rummel genannt, findet in vielen Städten oft jährlich statt. Für Kinder ist dies ein besonderes Ereignis, doch können sich alte Menschen sicherlich an die Faszination von Jahrmärkten erinnern. Die pädagogischen Fachkräfte sowie Fachkräfte des Seniorenheims planen die Jahrmarktfeier möglichst gemeinsam. Dabei gibt es viele Fragen zu klären:

- Welche Stände sollen aufgebaut werden?
- Was soll es zu essen und zu trinken geben?
- Gibt es ein Karussell für die Kinder?
- Welche Musik bietet sich an?

Da die Jahrmarktstände betreut werden müssen, sollten mehr Helfer:innen eingeplant werden als bei anderen Feiern. Möglicherweise gibt es Praktikant:innen oder ehrenamtliche Helfer:innen, die sich einbringen können. Die Kita-Kinder sollten bei den Vorbereitungen und der Durchführung beteiligt werden. So ist es durchaus möglich, dass Kita-Kinder in einem bestimmten Zeitfenster einen Stand (mit-)betreuen. Selbstverständlich gibt es an den einzelnen Ständen auch etwas zu gewinnen. Die Gewinne müssen vorher organisiert und gesammelt werden. Je nach finanziellen Möglichkeiten und den Interessen der Kinder können die Gewinne beispielsweise Aufkleber, Süßigkeiten, Seifenblasen, Luftballons oder Ähnliches sein. Ältere Menschen hingegen freuen sich möglicherweise über ein Stück einer besonderen Seife oder ein kleines Glas Honig.

Die Jahrmarktfeier sollte in einem großen Raum stattfinden oder – je nach Wetter – draußen auf einem Hof oder im Garten. Der Ort sollte mit bunten Girlanden und Luftballons geschmückt werden. Auch Musik darf nicht fehlen, etwa Schlager oder Oldies (CD, Streaming).

Die Stände können von den Besucher:innen genutzt werden. Die Erwachsenen werden sicher ein Auge darauf haben, wenn ein Kind übermäßig viele Portionen Popcorn „bestellt" oder die ganze Zeit den Basteltisch bei den Lebkuchenherzen besetzt. In einem solchen Fall werden die Kinder ermuntert, eine andere Station auszuprobieren.

Lose ziehen

Materialien: Tisch, ca. 50 kleine Zettel, schwarze Filzstifte, Washi Tape, Eimer, kleine Gewinne
Vorbereitung: Auf die Hälfte der Zettel wird ein lachender Smiley gemalt und auf die andere Hälfte ein Smiley, der die Mundwinkel nach unten zieht. Jeder Zettel wird gerollt und mit Washi Tape zugeklebt. Diese Lose werden in den Eimer gefüllt. Die kleinen Gewinne werden ansprechend auf dem Tisch präsentiert.

So wird es gemacht:
Jede:r Jahrmarktbesucher:in darf Lose ziehen. Bei einem lachenden Smiley darf er/sie sich eine Sache vom Tisch nehmen. Ein nicht lachender Smiley ist leider eine Niete. Die Lose werden wieder zusammengeklebt und können zurück in den Eimer gelegt werden.

Fische angeln

Materialien: blickdichte Wanne oder hoher Eimer, Platte zum Abdecken, Holzstab, Schnur, ein Ringmagnet, Pappe in Rot, Gelb und Grün, selbstklebende Wackelaugen, Filzstift, Stoffschere, kleine, selbstklebende Metallscheiben und Unterlegscheiben, Hocker, kleine Gewinne

Vorbereitung: Auf die Pappen werden Fische aufgezeichnet und ausgeschnitten. Als Fischaugen können Wackelaugen aufgeklebt werden. Anschließend werden die Metallscheiben und Unterlegscheiben an jedem Fisch befestigt. Die Fische werden vorsichtig in einen blickdichten, hohen Eimer/eine Wanne gelegt. Das Gefäß wird mit einer Platte abgedeckt und auf den Hocker gestellt.

Ein Stück Schnur wird an ein Ende des Holzstabes geknotet, so fest, dass sie nicht am Stab hin und her rutscht. Am anderen Ende der Schnur wird der Ringmagnet angebracht.

So wird es gemacht:

Jede:r Besucher:in des Jahrmarktes darf dreimal angeln. Dafür wird die Platte von den Betreuer:innen des Standes angehoben und die Angelschnur darf in den Eimer. Der/die Angler:in darf dabei nicht in den Eimer schauen. Werden drei Fische in einer Farbe herausgeholt (bei drei Angelpartien) gewinnt er/sie einen größeren Preis, werden zwei Fische mit derselben Farbe geangelt, fällt der Preis kleiner aus. Werden Fische in verschiedenen Farben geangelt, gewinnt der/die Angler:in leider keinen Preis.

Lebkuchenherzen gestalten

Materialien: braune Pappe, Schere, Locher, Geschenkband, kleine Schälchen, Krepppapier, weißer Filzschreiber, Klebstoff, zwei Tische, vier Stühle

Vorbereitung: aus brauner Pappe werden große Herzen ausgeschnitten. Am oberen Ende werden zwei Löcher hindurch gestochen. Durch diese wird Geschenkband gezogen und verknotet, sodass man das Herz später um den Hals hängen kann.

Das Krepppapier wird in kleine Stücke gerissen und zerknäult. Nach Farben getrennt werden die Stücke in Schälchen gelegt. Schälchen, Herzen und Klebstoff werden auf die Tische gelegt.

So wird es gemacht:

Jede:r Besucher:in darf ein Herz gestalten. Er/sie bekommt ein vorgefertigtes Herz und dekoriert es mit den Papierkügelchen, die aufgeklebt werden. Mit dem weißen Filzschreiber kann auch Schrift ergänzt werden. Manche Kinder können ihren Namen schreiben oder einen Erwachsenen um Hilfe bitten.

Fäden ziehen

Materialien: ca. zehn Papiertüten, Locher, Faden, zwei Tische, kleine, leichte Gewinne: z. B. Glanzbilder
Vorbereitung: In jede zweite Papiertüte kommt ein Glanzbildchen (o. Ä.). Die Tüte wird am oberen Rand gelocht. An jede Tüte wird ein langer Faden von ungefähr zwei Meter Länge gebunden.

Auf einem Tisch wird ein weiterer Tisch so platziert, dass er auf der Seite liegt. Wichtig ist, dass er nicht wackelt. Die Tütchen werden über den seitlich liegenden Tisch gehängt und die Fäden hängen vorne herunter.

So wird es gemacht:
Jede:r Jahrmarktbesucher:in darf an drei Fäden ziehen. Liegt ein Bild in der Tüte, darf er/sie es behalten. Der/die Der „Standdienst" muss die Tüte anschließend wieder auffüllen.

Dosen abwerfen

Materialien: sechs ausgespülte Dosen, Tisch, drei Sandsäckchen, kleine Gewinne
Vorbereitung: Die Dosen werden als Pyramide auf dem Tisch gestapelt.

So wird es gemacht:
Der/die Werfer:in darf sich den Abstand zur Dosenpyramide aussuchen. Er/sie bekommt drei Sandsäckchen und wirft diese nacheinander auf die Dosen. Ziel ist es, dass alle Dosen umfallen. Wer das geschafft hat, darf einen Preis auswählen.

Kinderkarussell

Materialien: Schwungtuch, Klebeband, vier Dreiräder, Luftballons, Luftschlangen, Musik
Vorbereitung: Die Dreiräder werden mit Luftschlangen dekoriert. Das Schwungtuch wird ausgebreitet auf den Boden gelegt und mit Klebeband fixiert. Auf das Schwungtuch werden mit Klebeband Luftballons geklebt. Um das Schwungtuch herum werden im selben Abstand vier Dreiräder – alle in derselben Fahrtrichtung im Kreis – aufgestellt.

So wird es gemacht:
Vier Kinder dürfen sich auf jeweils eines der Dreiräder setzen. Eine pädagogische Fachkraft ist Chef:in des Karussells. Sitzen alle, fragt sie, ob alle bereit für die Karussellrunde sind. Bejahen die Kinder, kann es losgehen. Die Musik wird abgespielt und die Kinder fahren langsam im Kreis herum. Das Ende der Karussellrunde wird lauthals von der Fachkraft angekündigt. Geht die Musik aus, müssen alle Kinder bremsen und das Dreirad verlassen.

An diesem Spiel können nur Kinder teilnehmen. Ältere Menschen erfreuen sich jedoch beim Zuschauen – so, wie beim Kinderkarussell auf einem Jahrmarkt.

Popcorn

Materialien: für ca. 20 Portionen: 500 g Popcornmais, ein Paket Zucker, eine Flasche Öl, großer Topf, Herdplatten (z. B. ein Campingkocher), große Schüsseln, Papiertüten
Vorbereitung: Die Herdplatten werden auf einem Tisch in der Nähe einer Steckdose aufgebaut und die Lebensmittel, Schüssel, Tütchen dazu gestellt.

So wird es gemacht:
Den Boden des Topfes mit Öl bedecken und dieses erhitzen. Anschließend 50 g Popcornmais hineinfüllen und ca. vier Esslöffel Zucker dazu rühren. Den Herd ausstellen, den Topf mit geschlossenem Deckel schütteln und dann wieder auf den Herd stellen. Wenn man hört, dass die Maiskörner aufpoppen, ist alles richtig. Falls nicht, ist der Topf möglicherweise nicht stark genug erhitzt worden.

Das fertige Popcorn wird rasch in eine große Schüssel geschüttet und dann zum schnellen Verzehr in kleine Papiertüten gefüllt.

Liebesäpfel

Materialien: für einen Liebesapfel: Holzstäbchen, Zucker, Wasser, rote Lebensmittelfarbe, Zitronensaft, Apfel, Frischhaltefolie, Tablett
Vorbereitung: Der Apfel wird gewaschen und abgetrocknet. Der Stil wird entfernt und das Holzstäbchen stattdessen in den Apfel gesteckt. 100 g Zucker, ein Esslöffel Wasser, und einige Spritzer Zitronensaft werden in einem kleinen Topf vermischt, auf dem Herd aufgekocht und einige Minuten geköchelt. Dabei wird

die Lebensmittelfarbe so lange untergemischt, bis die Masse rot eingefärbt ist. Noch einmal kräftig umrühren und dann den Topf vom Herd nehmen. Nun wird der Apfel hinein getaucht, bis er vollständig mit der roten Masse überzogen ist. Das Tablett wird mit Zucker betreut. Der fertige Apfel wird zum Abkühlen auf das Tablett gelegt.

So wird es gemacht:
Jede:r Besucher:in kann sich einen Apfel aussuchen und gleich etwas Frischhaltefolie mitnehmen. Oftmals wird der Apfel nicht sofort (ganz) aufgegessen. Er kann in Frischhaltefolie gewickelt und nach der Jahrmarktsfeier mit nach Hause genommen werden.

8.2 Erntedank-Vormittag

Das Erntedankfest ist ein (ursprünglich) christliches Fest, bei dem die Menschen Gott für die Nahrung danken, indem die Ernte gefeiert wird. Dieser Gedanke war noch viel zentraler als der Großteil der Bevölkerung noch selbst Obst und Gemüse anbaute, um davon zu (über)leben und die Ernte für den Winter gesichert war, doch auch heute noch feiert man das Fest in vielen (vor allem konfessionellen) Kindergärten und Seniorenheimen mit geschmückten Räumen und Obst- und Gemüsekörben.

In Kitas werden zur Erntedankzeit oft Lebensmittel thematisiert, etwa im Rahmen eines Projektes „Vom Korn zum Brot" oder „Woher kommt das Gemüse auf unserem Teller?" Den Kindern wird dabei auch verdeutlicht, dass das Essen im Überfluss, so wie sie es kennen, nicht überall auf der Welt selbstverständlich ist und Nahrungsmittel gewürdigt werden sollten.

Es bietet sich an, den Erntedank-Vormittag mit den Bewohner:innen aus dem Seniorenheim im Anschluss an ein in der Kita durchgeführtes Nahrungsmittel-Projekt durchzuführen. Beispielsweise können Kinder im Rahmen des Projektes Äpfel sammeln und diese zu Apfelküchlein verarbeiten. Diese werden dann beim Erntedankfest als süße Speise angeboten.

Beispielaktivitäten

Rezept für Apfelküchlein

Zutaten für sechs Personen: zwei Kilogramm Äpfel, ein Päckchen Backpulver, 270 Gramm Butter, fünf Eier, 420 Gramm Mehl, eine Prise Salz, ein Päckchen Vanillezucker, ein Teelöffel Zimt, etwas Zitronensaft, 200 Gramm Zucker, Schneidebrett, Schneidemesser, Schüssel, Esslöffel, Handrührgerät, Backblech, Backpapier, Ofen, Schürzen

So wird es gemacht:
Die Kinder ziehen sich die Schürzen an, binden lange Haare zum Zopf und waschen sich ihre Hände. Die Äpfel werden geschält und in kleine Würfel geschnitten. Butter, Zucker, Vanillezucker, Salz, Mehl und Backpulver werden zu einem Teig gerührt. Dieser soll dann für 30 Minuten ruhen. Die Apfelstücke werden mit Zitronensaft bestrichen und mit Zimt bestreut. Diese werden in den Teig untergerührt. Der Backofen wird vorgeheizt und das Backblech mit Backpapier ausgelegt. Der Teig wird in esslöffelgroßen Portionen auf das Backblech gelegt und anschließend in den Ofen geschoben. Bei 180 Grad Ober- und Unterhitze wird der Teig 20 bis 30 Minuten gebacken.

Beim Erntedankfest werden die Apfelküchlein zum gemeinsamen Verzehr verteilt.

In meinem kleinen Apfel

Materialien: Apfel, Schneidebrett, Schneidemesser
Vorbereitung: Der Apfel wird so aufgeschnitten, dass das Gehäuse sichtbar wird.

So wird es gemacht:
Die pädagogische Fachkraft zeigt das Gehäuse des Apfels im Kreis herum. Anschließend leitet sie folgendes Gedicht/Lied an.

In meinem kleinen Apfel,
da sieht es lustig aus,
es sind darin fünf Stübchen,
grad' wie in einem Haus.

In jedem Stübchen wohnen
zwei Kernchen schwarz und klein,
die liegen drin und träumen
vom lieben Sonnenschein.

Sie träumen auch noch weiter,
gar einen schönen Traum,
wie sie einst werden hängen
am lieben Weihnachtsbaum.
Quelle: Else Fromm (1905)

„Das ist der Daumen …"

Materialien: Stuhlkreis, Obst und Gemüse, Tuch, Pflaumen, Schale
Vorbereitung: Der Stuhlkreis wird aufgebaut. In der Mitte wird auf einem Tuch Obst und Gemüse drapiert (als Dekoration), darunter Pflaumen.

So wird es gemacht:
Die pädagogische Fachkraft zeigt den Kindern eine Pflaume. Diese wachsen an Bäumen und müssen geerntet werden. Davon handelt das folgende Fingerspiel.

Das ist der Daumen.	Den Daumen zeigen und wackeln.
Der schüttelt die Pflaumen.	Den Zeigefinger zeigen und wackeln.
Der sammelt alle auf.	Den Mittelfinger zeigen und wackeln.
Der bringt sie nach Haus'.	Den Ringfinger zeigen und wackeln.
Und der kleine hier, der isst sie alle ganz alleine auf.	Den kleinen Finger zeigen und wackeln.

Für ältere Kita-Kinder bietet sich der Vers als Bewegungsspiel an:

Das ist der Daumen.	Mit dem Daumen stolz auf sich selbst zeigen.
Der schüttelt die Pflaumen.	So tun, als würde man kraftvoll an einem Baum ruckeln.
Der sammelt alle auf.	So tun, als würde man hektisch ganz viel vom Boden aufsammeln.
Der bringt sie nach Haus'.	So tun, als würde man etwas Schweres hochheben.
Und diese vielen Kinder hier, essen alle auf!	So tun, als würde man etwas essen.

Nach ein paar Wiederholungen, z. B. langsam und schnell, bekommt jede:r eine Pflaume. Die Kerne werden in eine Schale gespuckt oder gelegt.

Die Kartoffel geht im Kreis herum

Materialien: Stuhlkreis, einen Esslöffel für jede:n Teilnehmer:in, zwei kleine Kartoffeln
Vorbereitung: Der Stuhlkreis wird aufgebaut. In der Mitte wird auf einem Tuch Obst und Gemüse drapiert (als Dekoration). Alle Teilnehmer:innen bekommen einen Esslöffel.

So wird es gemacht:
Eine Kartoffel wird im Kreis von Person zu Person mit dem Löffel weitergegeben. Die Hände dürfen nur im Notfall zur Hilfe genommen werden. Nach einer Runde wird in die entgegengesetzte Richtung eine zweite Kartoffel herumgegeben. Bei irgendjemandem treffen sich beide Kartoffeln. Er/sie ruft dann ein Wort, das den Begriff „Kartoffel" beinhaltet, etwa „Kartoffelbrei!" oder „Bratkartoffel!". Es können auch Quatschwörter sein, wie „Kartoffelnase!" oder „Spaßkartoffel!"

Der Herbst, der Herbst, der Herbst ist da

Material: ggf. Liedtext in großer Schrift auf Papier
Vorbereitung: Ggf. Liedtext für die Erwachsenen aufschreiben, kopieren und verteilen.

So wird es gemacht:
Die pädagogische Fachkraft leitet das Lied „Der Herbst ist da!", wobei der Refrain „Heia hussassa, der Herbst ist da!" durch lautes Mitklatschen begleitet wird.

Der Herbst, der Herbst, der Herbst ist da,
er bringt uns Wind, hei hussassa!
Schüttelt ab die Blätter,
bringt uns Regenwetter.
Heia hussassa, der Herbst ist da!

Der Herbst, der Herbst, der Herbst ist da,
er bringt uns Obst, hei hussassa!
Macht die Blätter bunter,
wirft die Äpfel runter.
Heia hussassa, der Herbst ist da!

Der Herbst, der Herbst, der Herbst ist da,
er bringt uns Wein, hei hussassa!
Nüsse auf den Teller,
Birnen in den Keller.
Heia hussassa, der Herbst ist da!
Text: Hans-Reinhard Franzke, überliefert
Melodie: Hans-Reinhard Franzke, überliefert
Gottfried Wolters (1962)

8.3 Laternenfest

Das Laternenfest ist ein sehr beliebtes Volksfest, das jedes Jahr mit Laternen, Umzügen und Veranstaltungen auf unterschiedlichste Art und Weisen gefeiert. In deutschsprachigen Ländern wird das Laternenfest auch dazu genutzt, um den Heiligen Martin zu ehren, der am 11. November 397 in Tours, Frankreich, zu Grabe getragen wurde. Deshalb wird dieses Fest auch als *Martinsfest* bezeichnet. Der Martinstag wird dementsprechend am 11. November begangen.

Beispielaktivitäten

Laterne gestalten

Alter: ab drei Jahren
Anzahl der Teilnehmer:innen: Kleingruppe
Materialien: Transparentpapier in unterschiedlichen Farben, Scheren, Klebstoff, große Käseschachteln, kleiner Handbohrer, Teelichthalter, Teelichter, Draht, Laternenstäbe
Vorbereitung: Ein Bogen Transparentpapier wird einmal um die Käseschachtel gelegt und circa zwei Fingerbreit dazugegeben. Das ist die Breite der Laterne. An dieser Stelle wird das Transparentpapier hochkant zugeschnitten. Für die Höhe gibt es keine Vorgaben. Die Laterne sollte jedoch nur so hoch werden,

dass gefahrlos ein Teelicht hineingestellt werden kann, ohne, dass man sich beim Hineinstellen den Arm verbrennt. In den Boden der Käseschachtel werden mittig zwei Löcher gebohrt, sodass der Teelichthalter daran befestigt werden kann.

So wird es gemacht:
Jedes Kind und jeder Erwachsene kann nun ein zugeschnittenes Papier mit weiterem Transparentpapier bekleben (Papierstücke reißen oder schneiden). Die verschiedenen Papiere können sich teilweise auch überlappen, sodass neue Farben entstehen, wenn später Licht hindurch scheint.

Nun brauchen die Kinder und die Bewohner:innen wahrscheinlich die Hilfe der Fachkraft: Das fertig gestaltete Transparentpapier wird gerollt und an den Enden jeweils oben und unten an einer Käseschachtel befestigt. Dafür wird der Rand einfach mit Klebstoff bestrichen und das Papier festgeklebt. Dort, wo sich das Papier überlappt (die zwei Finger breit, die am Anfang abgemessen wurden) wird auch geklebt.

Abschließend werden die Laternenbügel angebracht, in dem zwei Löcher gegenüber am oberen Rand der Laternen gebohrt werden. Der Draht wird so durch die Löcher gezogen, dass die Laterne am Drahthenkel getragen werden kann.

Für einen gemeinsamen Abschluss wird ein Stuhlkreis aufgestellt, in dessen Mitte die Laternen platziert werden. Die Kinder und alten Menschen nehmen auf den Stühlen Platz. Eine Fachkraft zündet Teelichter an und stellt jeweils eines in jede Laterne. Der Raum wird abgedunkelt und das Licht der Laternen wird bestaunt. Hierzu wird ein Laternenlied gesungen.

Laternenlieder für Jung & Alt

Vorbereitung: Der Text der Laternenlieder wird in Großdruck auf Papier gebracht und für alle Bewohner:innen kopiert. Viele Menschen kennen lediglich die ersten Strophen auswendig.

Laterne, Laterne
Laterne, Laterne,
Sonne, Mond und Sterne.
Brenne auf mein Licht,
Brenne auf mein Licht,
aber nur meine liebe Laterne nicht.

Laterne, Laterne,
Sonne, Mond und Sterne.
Sperrt ihn ein, den Wind,
Sperrt ihn ein, den Wind,
er soll warten, bis wir alle zu Hause sind.

Laterne, Laterne,
Sonne, Mond und Sterne.
Bleibe hell, mein Licht,
Bleibe hell, mein Licht,
denn sonst strahlt meine liebe Laterne nicht!
(Quelle unbekannt. Traditionelles Lied aus Norddeutschland, ca. um 1870)

Ich geh mit meiner Laterne
Ich gehe mit meiner Laterne
und meine Laterne mit mir.
Da oben leuchten die Sterne,
hier unten leuchten wir.

Ein Lichtermeer zu Martins Ehr,
Rabimmel, Rabammel, Rabumm.
Ein Lichtermeer zu Martins Ehr,
Rabimmel, Rabammel, Rabumm.

Ich gehe mit meiner Laterne …

Der Martinsmann, der zieht voran.
Rabimmel, Rabammel, Rabumm
Der Martinsmann, der zieht voran.
Rabimmel, Rabammel, Rabumm.

Ich gehe mit meiner Laterne …

Wie schön das klingt, wenn jeder singt.
Rabimmel, Rabammel, Rabumm.
Wie schön das klingt, wenn jeder singt.
Rabimmel, Rabammel, Rabumm.

Ich gehe mit meiner Laterne …

Ein Kuchenduft liegt in der Luft.
Rabimmel, Rabammel, Rabumm.
Ein Kuchenduft liegt in der Luft.
Rabimmel, Rabammel, Rabumm.

Ich gehe mit meiner Laterne …

Beschenkt uns heut, Ihr lieben Leut.
Rabimmel, Rabammel, Rabumm.
Beschenkt uns heut, Ihr lieben Leut.
Rabimmel, Rabammel, Rabumm.

Ich gehe mit meiner Laterne …

Mein Licht ist schön, könnt Ihr es sehn?
Rabimmel, Rabammel, Rabumm.
Mein Licht ist schön, könnt Ihr es sehn?
Rabimmel, Rabammel, Rabumm.

Ich gehe mit meiner Laterne …

Ich trag mein Licht und fürcht mich nicht.
Rabimmel, Rabammel, Rabumm.
Ich trag mein Licht und fürcht mich nicht.
Rabimmel, Rabammel, Rabumm.

Ich gehe mit meiner Laterne …

Mein Licht ist aus, ich geh nach Haus.
Rabimmel, Rabammel, Rabumm.
Mein Licht ist aus, ich geh nach Haus.
Rabimmel, Rabammel, Rabumm.
(erstmals erwähnt vermutlich um 1818)
Schwedt (1992, S. 9–18)

Die Geschichte von St. Martin im Kino

Materialien: Bilderbuch, das die Geschichte von St. Martin erzählt, Leinwand/weißes Bettlaken, Stühle und Sitzkissen, Digitalkamera, Computer (mit Präsentationssoftware), Beamer
Vorbereitung: Die einzelnen Bilder des Bilderbuches werden mit der Digitalkamera fotografiert und auf den Computer übertragen. Die Bilder können in eine Präsentationssoftware eingepflegt werden.
Das Kino wird vorbereitet: Eine Leinwand/weißes Bettlaken wird an die Wand gehängt. Mit einem Abstand von ungefähr zwei Metern werden Sitzkissen und Stühle für die Zuschauer:innen platziert. Computer und Beamer werden miteinander verbunden und angeschlossen. Der Raum wird abgedunkelt.

So wird es gemacht:
Die Zuschauer:innen nehmen Platz. Die pädagogische Fachkraft liest oder erzählt die Geschichte des Bilderbuches und lässt am Computer die Bildschirmpräsentation über den Beamer auf die Leinwand projizieren. Die pädagogische Fachkraft sollte dabei seitlich zwischen Leinwand und Publikum sitzen, damit sie deren Reaktion im Blick hat und Blickkontakt zu ihnen aufnehmen kann, um angemessen auf Reaktionen reagieren zu können.

Anschließend bietet es sich an, ein Lied über St. Martin zu singen. Wenn es Witterung und die körperliche Konstitution der Bewohner:innen zulassen, kann am Ende ein gemeinsamer Laternenumzug stattfinden. Die Kinder tragen ihre Laternen und alle singen auf dem Weg die zuvor geübten Laternen- und Martinslieder.

8.4 Ein adventlicher Vormittag

Weihnachtsfeiern sind in pädagogischen Einrichtungen und Wohneinrichtungen obligatorisch. Dabei geht es oftmals weniger um religiöse Inhalte, sondern um Rituale und Bräuche. Einen weihnachtlich gestalteten Vormittag in der Adventszeit mit Kindern und Bewohner:innen ist ein schöner Austausch zwischen den Generationen, denn das Weihnachtsfest früher und heute hat sich durch die zunehmende Kommerzialisierung sehr verändert. Zudem können Kinder oder Bewohner:innen mit Migrationshintergrund auch von ihren religiösen Festen und Bräuchen erzählen. Um das zu gewährleisten, sollte das Fest nur mit einigen Kindern und Bewohner:innen stattfinden. Ggf. wird der adventliche Vormittag zweimal mit Halbgruppen durchgeführt.

In der Ankommensphase ein gemeinsames Weihnachtsbaumbild gestalten

In der Ankommensphase kann bereits Weihnachtsmusik gespielt, und ein paar Weihnachtskekse geknabbert werden. Dabei wird ein Gestaltungsangebot gemacht:

Weihnachtsbaum auf Papier

Materialien: Malkittel, großer Tisch, großes Stück Tapetenrolle, Klebeband, Fingerfarben in flachen Schälchen in verschiedenen Grüntönen, braune Fingerfarbe, Pinsel, Feuchttücher, Möglichkeit zum Händewaschen, Scheren, Klebstoff, buntes Krepppapier und/oder Bonbonpapier
Vorbereitung: Die Tapetenrolle wird auf einen großen Tisch geklebt.

So wird es gemacht:
Die Kinder ziehen sich einen Malkittel an. Vielleicht reicht es aber auch aus, die Ärmel hochzukrempeln. Alle, die möchten, bestreichen Feuchttücher mit grüner Farbe und damit wiederum eine Hand. Mit der Hand drucken sie die Farbe so auf das Papier, dass am Ende ein Tannenbaum gestaltet ist. Von unten nach oben werden die Handabdrücke weniger. Unten wird noch ein Stamm mit brauner Farbe gemalt, und nun kann das Bild zum Trocknen an die Wand gehängt werden.

Ein weihnachtlicher Stuhlkreis

Materialien: Stühle, Teelichter im Glas, Weihnachtsdekoration
Vorbereitung: Ein Stuhlkreis wird aufgebaut. Die Mitte des Kreises wird weihnachtlich dekoriert, z. B. mit Teelichtern im Glas und Tannenzweigen.

So wird es gemacht:
Die pädagogische Fachkraft motiviert Kinder und Bewohner:innen eines Seniorenheims zu erzählen, wie sie Weihnachten feiern.

- Wird ein Weihnachtsbaum aufgestellt?
- Wer nimmt an eurem Weihnachtsfest teil?
- Was gibt es an Weihnachten zu essen?

- Was macht ihr an Heiligabend?
- Was gefällt dir an Weihnachten am besten?

Falls Kinder und Bewohner:innen dabei sind, die keine christlichen Feste feiern:

- Welche Feste werden bei euch gefeiert?
- Wie werden sie gefeiert?
- Was magst du besonders an dem Fest?
- Welche Gemeinsamkeiten gibt es?
- Welche Unterschiede werden deutlich?

Weihnachtsdüfte

Materialien: kleine Dosen mit Deckel, Zimt, Schokolade, Apfelsinenstücke, Lebkuchenstücke, Kekse, Vanilleschote
Vorbereitung: Jedes der Lebensmittel wird in eine Dose gelegt.

So wird es gemacht:
Die Dosen werden nacheinander im Kreis herumgegeben. Jede:r darf – ohne hineinzuschauen – die Dose öffnen und daran schnuppern.

- Wonach riecht es?
- Woher kennst du den Geruch?
- Was ist in der Dose?

Wenn alle die Dose in der Hand und die Gelegenheit hatten, ihre Einschätzung zu geben, wird das Duftgeheimnis gelüftet. Dann wird eine neue Dose im Kreis herumgegeben.

Kling, Glöckchen!

Materialien: Pappteller, Wachsmalstifte, kleine Glöckchen, Faden, Scheren
Vorbereitung: Die Kinder bemalen Pappteller mit Wachsmalstiften. Die pädagogische Fachkraft bohrt am Rand des Tellers kleine Löcher und schiebt jeweils einen Faden, an dem ein Glöckchen hängt, hindurch und bindet es fest. Die Fadenreste werden abgeschnitten. Es sollten so viele Schellenkränze wie Teilnehmer.innen im Stuhlkreis angefertigt werden.

So wird es gemacht:

Alle, die möchten, bekommen einen zuvor gebastelten Schellenkranz. Gemeinsam wir das Lied „Kling, Glöckchen, Klingelingeling“ gesungen. Beim Refrain wird der Gesang durch die Schellenkränze begleitet. Bei den Strophen werden die Schellenkränze festgehalten.

Kling, Glöckchen, Klingelingeling

Kling, Glöckchen, klingelingeling,
kling, Glöckchen kling!
Lasst mich ein ihr Kinder,
ist so kalt der Winter,
öffnet mir die Türen,
lasst mich nicht erfrieren!
Kling, Glöckchen, Klingelingeling
Kling, Glöckchen Kling.

Kling, Glöckchen, klingelingeling,
kling, Glöckchen kling!
Mädchen hört und Bübchen,
macht mir auf das Stübchen,
bring euch viele Gaben,
sollt Euch dran erlaben!
Kling, Glöckchen, klingelingeling,
Kling, Glöckchen Kling.

Kling, Glöckchen, klingelingeling,
kling, Glöckchen kling!
Hell erglüh’n die Kerzen,
öffnet mir die Herzen,
will drin wohnen fröhlich,
frommes Kind wie selig.
Kling, Glöckchen, klingelingeling,
kling, Glöckchen kling!
Text: Karl Enslin (1854)
Melodie: unbekannt
Quelle: Benedict Widmann 1854, S. 40 f.

Nikolaus, die Geschenke sind weg!

Materialien: Sandsäckchen
Vorbereitung: –

So wird es gemacht:
Der Nikolaus hat am Heiligabend viel zu tun. Er bringt den Kindern Geschenke und wird dadurch irgendwann sehr müde. Zeit für ein kleines Schläfchen! Ein Kind legt sich als schlafender Nikolaus auf den Boden in der Kreismitte. Es schließt die Augen. Seinen kleinen Sack mit den Geschenken (Sandsäckchen) hat es neben sich abgelegt. Nonverbal verständigen sich die Teilnehmer:innen, wer den Sack an sich nimmt. Ein Kind bekommt den Sack und alle Teilnehmer:innen verstecken die Hände hinter dem Rücken. Dann rufen alle im Chor: „Nikolaus! Dein Geschenkesack ist weg!" Der Nikolaus wacht auf und stellt sich vor ein:e Mitspieler:in: „Hast du den Sack geklaut?" Der/die Angesprochene zeigt die Hände. Sind diese leer, hat der Nikolaus einen weiteren Versuch, den Dieb oder die Diebin zu finden. Hat er den Sack gefunden, ist die Spielrunde vorbei. Hat der Nikolaus nach fünf Versuchen den Sack nicht gefunden, zeigen alle ihre Hände. Das Spiel beginnt – mit einem anderen Nikolaus – wieder von vorne. Wenn ein älterer Mensch gerne die Rolle des Nikolauses einnehmen möchte, kann ein Stuhl in die Kreismitte gestellt werden, auf dem der Nikolaus „schläft".

Zum Glück sind die Geschenke immer wieder gefunden worden. So kann nun fröhlich das Nikolauslied gesungen werden.

Lasst uns froh und munter sein

Materialien: Pappteller, Schokoladennikoläuse
Vorbereitung: –

So wird es gemacht:
Alle bekommen einen Pappteller. Die pädagogische Fachkraft leitet folgendes Lied mit den entsprechenden Bewegungen an.

Lasst uns froh und munter sein *und uns recht von Herzen freun,*	Tanzend auf dem Stuhl wippen.
Lustig, lustig, traleralera, *bald ist Niklausabend da,* *bald ist Niklausabend da.*	Rhythmisch in die Hände klatschen.

Dann stell' ich den Teller auf, Niklaus legt gewiss was drauf.	Den Pappteller in die Kreismitte stellen. Wer nicht gut laufen kann, kann sich von einem Kind helfen lassen, das den Teller für den/die andere:n, in die Mitte stellt.
Lustig, lustig, traleralera, bald ist Niklausabend da, bald ist Niklausabend da.	Rhythmisch in die Hände klatschen.
Wenn ich schlaf, dann träume ich: Jetzt bringt Niklaus was für mich.	So tun, als würde man auf dem Stuhl im Sitzen schlafen.
Lustig, lustig, traleralera, bald ist Niklausabend da, bald ist Niklausabend da.	Währenddessen legt die Fachkraft schnell auf jeden Teller einen Schokoladennikolaus. Der Refrain wird so lange weiter gesummt, bis die Fachkraft damit fertig ist. Dann ruft sie „Klingelingeling! Der Wecker!" Das Lied geht weiter.
Wenn ich aufgestanden bin, lauf ich schnell zum Teller hin.	Recken und strecken. Zum Pappteller in die Kreismitte laufen.
Lustig, lustig, traleralera, bald ist Niklausabend da, bald ist Niklausabend da.	Mit dem Pappteller wieder auf den Stuhl setzen. Die Pappteller an diejenigen verteilen, die nicht selbst gehen konnten.
Niklaus ist ein guter Mann, dem man nicht genug danken kann.	Alle halten ihren Nikolaus in die Höhe.
Lustig, lustig, traleralera, bald ist Niklausabend da, bald ist Niklausabend da.	Der Nikolaus tanzt auf den Beinen der Sitzenden.

Informationen zum Lied: Die Quelle des Liedes ist unbekannt, es wird aber vermutet, dass der Ursprung auf das 19. Jh. zurückgeht (Weber-Kellermann 2008, S. 328 f.).

Zurück zum anfangs gestalteten Weihnachtsbaum …

Wenn der Baum getrocknet ist, haben alle die Gelegenheit, ihn zu schmücken. Dafür können sie das Krepppapier/Bonbonpapier zerschneiden und aufkleben.

Nun kann der fertige Baum betrachtet werden und es wird ein gemeinsames Weihnachtslied gesungen:

O Tannenbaum (die ersten zwei Strophen)

O Tannenbaum, o Tannenbaum,
wie grün sind deine Blätter.
Du grünst nicht nur zur Sommerzeit,
nein, auch im Winter, wenn es schneit.
O Tannenbaum, o Tannenbaum,
wie grün sind deine Blätter!

O Tannenbaum, o Tannenbaum,
du kannst mir sehr gefallen!
Wie oft hat schon zur Weihnachtszeit
ein Baum von dir mich hoch erfreut!
O Tannenbaum, o Tannenbaum,
du kannst mir sehr gefallen!
Text dieser Fassung: August Zarnack und Ernst Anschütz (von Fallersleben/Prahl 1900, S. 203)

Informationen zum Lied: Das Lied geht vermutlich auf ein Lied zurück, das im 16. Jahrhundert von Melchior Franck zitiert wurde und sich im 19. Jahrhundert als schlesisches Volkslied etabliert hatte. Manche Quellen verorten die Anfänge des Liedes noch früher (von Fallersleben/Prahl 1900, S. 203).

8.5 Faschingsfeier

Fasching (auch: Fastnacht, Karneval) ist die Zeit vor Beginn der österlichen Fastenzeit. In manchen Regionen ist Fasching mit Umzügen und Kostümfesten so beliebt, dass es als die „fünfte Jahreszeit" bezeichnet wird.

Ein Faschingsmotto festlegen

Zunächst einmal gilt es, behutsam bei der Kostümwahl vorzugehen. Faschingskostüme basieren oft auf Stereotypen. Immerhin sollen andere eindeutig erkennen, welche Figur verkörpert wird. So wird ein Pirat in der Regel mit Augenklappe, Kopftuch und Schwert dargestellt. Stereotypische Darstellungsweisen von Personengruppen (etwa „Chinesin" oder „Mexikaner") können jedoch verletzend wirken. Denn typischerweise wird beim Karneval eine Chinesin im Cheongsam mit Stricknadeln oder Sushi-Stäbchen im hochgesteckten Haar dargestellt, dazu zurückhaltend und still, und nicht in Jeans und T-Shirt. Das Kostüm eines Mexikaners erkennt man am Sombrero. Wie wird sich wohl ein chinesisches oder mexikanisches Kind fühlen, wenn es diese Aufmachung sieht?

Kinder sind noch nicht in der Lage, ohne Hilfe von Erwachsenen Stereotype und damit verbundenen Vorurteile und Diskriminierungen zu reflektieren. Sie glauben die Realität, die ihnen gezeigt wird: So stellen sie sich unter „Indianer" einen Mann mit Federschmuck und Kriegsbemalung vor, so wie *Winnetou* oder *Yakari* aus den Kindermedien. Über die realen Ureinwohner:innen Amerikas sagen diese Stereotype nichts aus. Darüber hinaus ist es eine Kränkung, kulturelle Traditionen als Faschingsschmuck zu missbrauchen.

Um Beschämungen, das Verfestigen von Stereotypen und Diskriminierungen an Fasching zu vermeiden, können die Organisator:innen des Faschingsfestes ein Motto vorgeben. Hier bieten sich zum Beispiel „Im Meer", „Märchen" „Helden und Heldinnen im Alltag" oder „Fabelwesen" an. Das Motto sollte vorher mit den Kindern und Bewohner:innen des Seniorenheimes abgestimmt werden. Insbesondere die Kinder haben oft genaue Vorstellungen von Figuren, in deren Haut sie gerne einmal für einen Tag schlüpfen möchten.

Girlanden zur Dekoration anfertigen

Alter: ab vier Jahren
Anzahl der Teilnehmer:innen: Kleingruppe
Materialien: Krepppapier in unterschiedlichen Farben, Scheren
Vorbereitung: Das Krepppapier wird in schmale, kurze Streifen geschnitten.

So wird es gemacht:
Die Enden eines Krepppapierstreifens werden verklebt, sodass ein Papierring entsteht. Ein weiterer Streifen wird durch den Ring gesteckt und wiederum an seinen Enden verklebt. Nun wird hierdurch ein Streifen gesteckt und die Enden verklebt. Nach und nach entsteht so eine Girlande aus ineinander hängenden Papierringen.

Girlanden zur Dekoration anfertigen – schnelle Variante

Alter: ab drei Jahren
Anzahl der Teilnehmer:innen: Kleingruppe
Materialien: Krepppapier in unterschiedlichen Farben, Scheren
Vorbereitung: Das Krepppapier wird in lange Streifen geschnitten.

So wird es gemacht:
Es werden jeweils zwei Krepppapierstreifen in unterschiedlichen Farben nebeneinandergelegt. Eine Person hält das eine Ende fest und eine andere dreht beide Papierstreifen ineinander. So verdreht können diese als Girlande aufgehängt werden.

Party-Bowle herstellen

Alter: ab drei Jahren
Anzahl der Teilnehmer:innen: Kleingruppe
Materialien: Zutaten für ca. zehn Gläser Bowle: 500 g Erdbeeren, 1/8 l Orangensaft, ¼ l Maracujasaft, ein Spritzer Zitronensaft, ein Liter Wasser mit Kohlensäure, Eiswürfel, Messer, Brettchen, Löffel zum Umrühren, große Schale, Glaskaraffe, Kühlschrank, Schöpfkelle, Gläser, Holzspieße
Vorbereitung: Eiswürfel herstellen

So wird es gemacht:
Die Kinder waschen sich die Hände. Die Erdbeeren werden gewaschen, vom Grünen befreit und mit einem Messer in kleine Stücke geschnitten. Die Erdbeerstücke werden in eine große Schale gegeben. Nun werden 1/8 l Orangensaft und 1/4 l Maracujasaft dazugegeben, sowie ein kleiner Spritzer einer Zitrone. Alle Zutaten werden in der Schale verrührt. Anschließend wird die Schale für mindestens eine Stunde in den Kühlschrank gestellt.

Bevor die Bowle getrunken werden kann, kommt am Ende noch ein Liter kaltes Wasser (mit Kohlensäure) dazu, sowie die schon vorbereiteten Eiswürfel. Die Bowle wird in eine Glaskaraffe umgefüllt und kann mit der Schöpfkelle in Gläser gefüllt werden. In jedes Glas kommt ein Holzspieß, mit dem die Feiernden die Obststücke aufspießen und essen können.

Brezelgirlanden

Alter: ab drei Jahren
Anzahl der Teilnehmer:innen: Kleingruppe
Materialien: Salzbrezelgebäck, Fruchtgummischnuller, Bindfaden, Schere
Vorbereitung: –

So wird es gemacht:
Die Kinder waschen sich die Hände. Salzbrezeln und Fruchtgummischnuller werden auf einen langen Bindfaden gefädelt. Diese Girlande darf nicht zu lang sein, um einigermaßen straff gespannt werden zu können.

Der Käse-Igel

Alter: ab drei Jahren
Anzahl der Teilnehmer:innen: Kleingruppe
Materialien: Teller, Messer, Schneidebrettchen, Gurken, Paprika, Gouda am Stück, Mortadella am Stück, Gummibärchen, Holzspieße, Honigmelone
Vorbereitung: –

So wird es gemacht:
Die Kinder waschen sich die Hände. Die Melone wird halbiert (als Igelkörper). Gemüse, Käse und Wurst werden in kleine Würfel geschnitten und auf die Holzspieße gespießt, sodass vom Holz nur an einem Ende ein Stück herausguckt. Pro Spieß darf auch ein Gummibärchen dabei sein. Die Spieße werden als Igelstacheln in die umgedrehte Melonenhälfte gesteckt. Die Augen und Nase des Igels können mit schwarzen Oliven gestaltet werden.

Der Käseigel kann beim Faschingsbüfett gemeinsam verzehrt werden.

Hier kommt …!

Alter: ab drei Jahren
Anzahl der Teilnehmer:innen: beliebig
Materialien: Stühle und Sitzkissen, Musik
Vorbereitung: Die Stühle und Sitzkissen werden so platziert, dass eine Gasse entsteht.

So wird es gemacht:
Alle Feiernden nehmen entweder auf einem Stuhl oder Sitzkissen Platz. Nacheinander darf jede:r, der/die möchte, sich an den Anfang der Gasse stellen. Die pädagogische Fachkraft macht Musik an und kündigt jedes Kind laut an. „Hier kommt der Roboter Henry!", „Hier kommt Herr Müller als Clown!" oder „Hier kommt die Piratin Samira!" Das Kind oder der Erwachsene läuft, wie bei einer Modenschau, langsam durch die Gasse. Die Zuschauer:innen dürfen jubeln und klatschen.

Der Rucki-Zucki-Faschingstanz

Alter: ab drei Jahren
Anzahl der Teilnehmer:innen: beliebig
Materialien: Stühle
Vorbereitung: Stuhlkreis

So wird es gemacht:
Die Bewohner:innen sitzen im Stuhlkreis, während die Kinder im Kreis stehen können. Die pädagogische Fachkraft leitet folgendes Lied mit den entsprechenden Bewegungen an.

Refrain:

Rucki zucki,	dreimal klatschen
Rucki zucki,	dreimal klatschen
Rucki zucki,	dreimal klatschen
das ist der Faschingstanz!	

1. Strophe:

Da kommt der rechte Arm hinein,	Den rechten Arm zur Kreismitte strecken.
und wieder heraus.	Den rechten Arm wieder zurückführen.
Und dann noch einmal hinein	Den rechten Arm zur Kreismitte strecken.
und dann schütteln wir ihn aus.	Den Arm ausschütteln.
Und dann schütteln wir die Schultern im Takt dazu	Die Schultern bewegen.
und wir singen unser Lied…	–

Rucki zucki,
Rucki zucki,
Rucki zucki,
das ist der Faschingstanz!

Da kommt der linke Arm hinein,
und wieder heraus.
Und dann noch einmal hinein
und dann schütteln wir ihn aus.
Und dann schütteln wir die Schultern im Takt dazu
und wir singen unser Lied ...

Rucki zucki,
Rucki zucki,
Rucki zucki,
das ist der Faschingstanz!

Da kommt das rechte Bein hinein,
und wieder heraus.
Und dann noch einmal hinein
und dann schütteln wir es aus.
Und dann schütteln wir die Schultern im Takt dazu.
und wir singen unser Lied ...

Rucki zucki,
Rucki zucki,
Rucki zucki,
das ist der Faschingstanz!

Da kommt das linke Bein hinein,
und wieder heraus.
Und dann noch einmal hinein
und dann schütteln wir es aus.
Und dann schütteln wir die Schultern im Takt dazu.

Rucki zucki,
Rucki zucki,
Rucki zucki,
das ist der Faschingstanz!

Da kommt das rechte Ohr hinein,
und wieder heraus.
Und dann noch einmal hinein
und dann schütteln wir es aus.
Und dann schütteln wir die Schultern im Takt dazu.

Rucki zucki,
Rucki zucki,
Rucki zucki,
das ist der Faschingstanz!

Da kommt das rechte Ohr hinein,
und wieder heraus.
Und dann noch einmal hinein
und dann schütteln wir es aus.
Und dann schütteln wir die Schultern im Takt dazu.

Rucki zucki,
Rucki zucki,
Rucki zucki,
das war unser Faschingstanz!

Information zum Lied: Die Melodie geht auf das Lied „Farewell, Ladys" von Edwin Pearce Christy aus dem Jahr 1847 zurück. Es gibt einige deutschsprachige Adaptionen. Der vorliegende Text bezieht sich – etwas verändert – auf die Adaption des Mainzer Karnevalisten Ernst Neger von 1973.

Die Feiernden können auch weitere Körperteile benennen, die in die Strophen eingebaut und umgesetzt werden, wie etwa Nase, Daumen oder Popo.

Luftballontanz

Alter: ab drei Jahren
Anzahl der Teilnehmer:innen: beliebig
Materialien: Luftballons, lustige Musik, Stühle
Vorbereitung: Die Luftballons werden aufgepustet und verknotet und ein Stuhlkreis wird aufgebaut.

So wird es gemacht:

Alle, die im Sitzen oder Stehen mittanzen möchten, bilden Teams. Jedes Team bekommt einen Luftballon. Die pädagogische Fachkraft gibt Bewegungsaufgaben, die umgesetzt werden können, wenn sie die Musik anschaltet. Stoppt die Musik, wird der Ballon festgehalten und die Fachkraft bietet eine neue Aufgabe an.

Beispiele für Bewegungsaufgaben:

- Den Luftballon durch Antippen und Zuspielen in der Luft halten.
- Den Luftballon zuwerfen und fangen.
- Den Luftballon zwischen den eigenen Handflächen und den Handflächen des Partners/der Partnerin klemmen und tanzend bewegen.
- Den Luftballon im Sitzen zwischen die eigenen und die Füße des/der Partner:in klemmen und die Beine hin und her bewegen.
- Den Luftballon zwischen den eigenen Oberarm und den Oberarm des/der Partner:in klemmen und tanzend bewegen.

Was fällt den Kindern und alten Menschen sonst noch ein? Die Ideen werden aufgegriffen und umgesetzt.

Schnapp' die Brezel!

Alter: ab drei Jahren
Anzahl der Teilnehmer:innen: beliebig
Materialien: die bereits vorbereitete Brezel-Fruchtgummi-Girlande
Vorbereitung: –

So wird es gemacht:

Zwei Erwachsene halten die Süßigkeitengirlande straff auf Höhe der Kinderköpfe. Die Kinder haben nun die Aufgabe, etwas von der Girlande zu essen, ohne dabei die Hände zu benutzen. Wenn das zu schwer ist, dürfen die Hände selbstverständlich genutzt werden. Es spricht nichts dagegen, auch den älteren Menschen das Spiel anzubieten.

Konfetti!

Alter: ab drei Jahren
Anzahl der Teilnehmer:innen: beliebig
Materialien: Flipchart-Papier, Kleister, großer Pinsel, Konfetti, Malunterlage, Klebeband, Konfetti, Eimer, Musik
Vorbereitung: Das Papier wird an die Wand gehängt. Unter dem Papier wird die Malunterlage mit einem Klebeband fixiert. Das Konfetti wird in einen Eimer gekippt.

So wird es gemacht:
Die pädagogische Fachkraft bestreicht das gesamte Papier an der Wand großzügig mit Kleister. Nun kann es losgehen. Die Musik wird anschaltet und nacheinander darf jede:r ein wenig Konfetti aus dem Eimer nehmen und sich vor das Papier stellen. Alle rufen „Helau!" und die vor dem Papier stehende Person darf das Konfetti werfen. Ein bisschen Konfetti wird am Papier haften bleiben. Der Rest fällt auf die Folie. (Diese kann anschließend wieder genutzt werden.) Am Ende entsteht ein Konfetti-Faschingsbild zu Erinnerung an das Fest.

8.6 Ein Oster-Vormittag

Ostern wird zumeist in der Familie verbracht. Bewohner:innen der Altenpflegeeinrichtung bekommen Besuch oder werden von ihren Familien eingeladen. In der Kita ist Schließzeit über die Osterfeiertage. Somit bietet sich ein gemeinsamer Ostervormittag vor den Feiertagen.

Ostereier bemalen

Alter: ab drei Jahren
Materialien: Malunterlage, Malkittel, Eier, Holzspieße, Korken, Messer, Faden, Filzstifte, Gläser, fester Sand
Vorbereitung: Die Eier werden ausgepustet, gereinigt und getrocknet. Der Korken wird in kleine Stücke geschnitten. Die Gläser werden mit Sand befüllt und der Tisch mit der Malunterlage abgedeckt.

So wird es gemacht:
Die Kinder ziehen sich einen Malkittel an. Jede:r bekommt ein Glas mit festem Sand. Das Ei wird auf einen Holzspieß gesteckt und mit einem Stück Kork daran fixiert. Dann wird der Holzspieß in den Sand gesteckt. Nun kann das Ei mit Filzstiften bemalt werden. Abschließend wird ein kleines Stück Holzspieß, ein Span, mit Faden umwickelt und durch das Loch in das Ei geschoben. Das Ei wird so bewegt, dass sich der Holzspan darin verkeilt. An diesem Faden kann das Ei aufgehängt werden.

Häschen in der Grube

Alter: ab drei Jahren
Anzahl der Teilnehmer:innen: beliebig
Materialien: –
Vorbereitung: –

So wird es gemacht:
Wer möchte, darf sich in die Kreismitte setzen.

Alle singen gemeinsam das Lied „Häschen in der Grube". Beim Refrain – „Häschen hüpf! Häschen hüpf! Häschen hüpf!" – springen die Teilnehmer:innen in der Kreismitte auf und hüpfen herum. Eine Ausnahme ist die zweite Strophe, bei der die Kinder in der Mitte sitzen und so tun, als würden sie eine Medizin schlucken. Alle anderen klatschen bei jedem Refrain rhythmisch dazu.

Häschen in der Grube
Häschen in der Grube saß und schlief, saß und schlief.
Armes Häschen bist du krank, dass du nicht mehr hüpfen kannst?
Häschen hüpf!

Häschen in der Grube nickt und weint, nickt und weint.
Doktor komm geschwind herbei und verschreibe ihm Arznei.
Häschen schluck!

Häschen in der Grube hüpft und springt, hüpft und springt.
Häschen bist du schon kuriert? Hui das rennt und galoppiert!
Häschen hopp!

Häschen hinter Bäumen nickt und lacht, nickt und lacht.
Liebes Häschen nicht so schnell, nimm mich mit zum frischen Quell!
Häschen hüpf!

Information zum Lied: Der Text stammt von Friedrich Fröbel (1840), dem Begründer des Kindergartens. Die Melodie des Liedes „Häschen in der Grube" ist eine Abwandlung des Volksliedes „Wer die Gans gestohlen hat, der ist ein Dieb", das von Ernst Anschütz (1824) in „Fuchs, du hast die Gans gestohlen" umgedichtet wurde.

Unser Osterstrauß

Alter: ab drei Jahren
Teilnehmer:innenzahl: beliebig
Materialien: Stuhlkreis, Osterstrauß mit Zweigen in einer großen Vase, die zuvor bemalten Eier (auf ein Tablett gelegt)
Vorbereitung: Der Stuhlkreis wird aufgebaut. In der Mitte steht der Osterstrauß. Die zuvor bemalten Ostereier liegen auf einem Tablett daneben.

So wird es gemacht:
Die Teilnehmer:innen suchen nacheinander ihre Eier auf dem Tablett und hängen sie vorsichtig an den Strauß. Wenn ein älterer Mensch nicht selbst in die Mitte gehen kann oder möchte, kann er ein Kind bitten, sein Ei auch aufzuhängen. Der fertige Osterstrauß wird bewundert.

Osterhäschen, Osterhas!

Alter: ab drei Jahren
Anzahl der Teilnehmer:innen: beliebig
Materialien: Stuhlkreis, Schokoladenostereier, kleiner Korb
Vorbereitung: Der Stuhlkreis ist aufgebaut. Der Osterstrauß steht in der Mitte.

So wird es gemacht:
Ein Kind bekommt einen kleinen Korb, in dem ein Schokoladenosterei liegt. Es hüpft oder läuft in Kreisrichtung an den Sitzenden entlang. Alle sprechen den folgenden Vers (aus einem traditionellen Osterlied):

Osterhäschen, Osterhas',
komm mal her, ich sag dir was:
schenk mir doch ein Osterei,
lauf doch nicht so schnell vorbei.
Schenk' mir doch ein schönes Ei!

Am Ende des Verses bleibt das Kind bei einer/einem Teilnehmer:in stehen und gibt ihr/ihm ein Ei. Es rückt mit dem Stuhl etwas zurück. Das Spiel beginnt von vorne – und endet, wenn alle Teilnehmer:innen ein Ei haben. Die Eier dürfen gegessen werden. Ein anderes Kind darf währenddessen mit dem leeren Korb herumhüpfen und das Papier damit einsammeln.

9. Weitere intergenerative Praxisideen

Im Folgenden werden ein paar Ideen dargestellt, wie Kinder (mithilfe der Erzieher:innen) über die Institution Seniorenheim hinaus mit älteren Menschen Kontakte knüpfen können, aus denen im besten Falle längerfristige Beziehungen entstehen.

9.1 Oma und Opa in der Kita

Neben Eltern und pädagogischen Fachkräften aus Kitas und Schulen sind Großeltern oftmals die wichtigsten Bezugspersonen für Vorschulkinder. Die Großeltern können eine wichtige Sozialisationsinstanz für Kinder sein. Wohnen die Großeltern in der Nähe der Kinder und Enkelkinder, so übernehmen sie oft alltägliche Aufgaben. Sie passen auf die Kinder auf, wenn die Eltern keine Zeit haben, sie holen die Kinder von der Kita ab, verbringen Freizeit miteinander usw. So vermitteln sie den Kindern Werte und Familiengeschichte. Wenn die Großeltern weiter weg wohnen, beschränkt sich der Kontakt auf Ferien- und Wochenenden, Besuche an Feiertagen und Telefonate.

Oma-Opa-Tag

Die Kinder laden ihre Großeltern zu sich in die Kita ein. Die Großeltern verbringen einen Tag in der Kita. Ziel ist es, den Alltag in der Kita ihrer Enkelkinder kennenlernen zu dürfen. Die Kinder sollten an der Planung so weit wie möglich beteiligt werden. Lediglich der Termin sollte von den pädagogischen Fachkräften festgesetzt sein. Hier sollte bedacht werden, dass einige Großeltern ggf. eine längere Anreise auf sich nehmen und die Einladung weit vor dem Termin an sie geschickt werden sollte. Wer keinen Kontakt zu den eigenen Großeltern hat oder es ihnen nicht möglich ist anzureisen, darf gerne auch andere ältere Menschen einladen, wie etwa eine Nachbarin oder einen Freund der Familie.

Die Kinder planen gemeinsam:

- Haben alle Kinder eine Oma und/oder einen Opa, den/die sie einladen können? Es müssen nicht die tatsächlichen Großeltern sein.
- Was würde Oma und Opa interessieren? Woran hätten sie Freude?
- Was wollen wir mit Oma und Opa konkret machen (Morgenkreis, frühstücken, die Kita-Räume zeigen, etwas basteln)?
- Mithilfe der Fachkraft wird konkret organisiert (beispielsweise: Wo wird was gefrühstückt? Absprachen mit dem Küchenteam werden getroffen, welche Lieder werden im Morgenkreis gesungen? Brauchen die Großeltern die Liedtexte?)
- Die Kinder gestalten die Einladungen. Sie nehmen diese mit nach Hause, und die Eltern sollen diese an die jeweilige(n) Adresse(n) schicken.

Einerseits soll es darum gehen, dass die Kinder den Großeltern ihre Kita zeigen, in der sie einen Großteil ihrer Zeit verbringen. Andererseits soll es auch um gemeinsames Handeln und um einen kommunikativen Austausch gehen. So sollte bei der Planung auch Zeit zum Erzählen und Zuhören berücksichtigt werden. Vielleicht stellt ein Großvater spontan ein Lied aus seiner Kindheit vor, nachdem er ein Lied im Morgenkreis kennengelernt hat. Möglicherweise erzählt eine Besucherin beim Frühstücken, dass sie als Kind in der Kinderbetreuung immer alles aufessen musste, auch wenn ihr schon schlecht war. Hier kann ein spannender Austausch entstehen. Wieso war das damals so? So kann auch ein gegenseitiges Verständnis für bisher nicht nachvollziehbares Verhalten oder Vorlieben herbeigeführt werden.

9.2 Ältere Menschen als Vorleser:innen

Möglicherweise gibt es in der Nachbarschaft der Kita ältere Menschen, die Freude am Austausch mit Kindern haben und regelmäßig zu Besuch kommen möchten. Die Senior:innen könnten hervorragend in die Kita-Arbeit eingebunden werden, etwa als Lesepate/Lesepatin. Bilderbücher faszinieren Kinder und viele Erwachsene gleichermaßen und bieten ohne körperliche Anstrengung zahlreiche Impulse, um miteinander ins Gespräch zu kommen und sich kennenzulernen. Bilderbücher aus früheren Zeiten können schöne Erinnerungen an die eigenen Kindertage wecken. Vielleicht haben die Besucher:innen Bilderbücher, die sie zu Haus haben und gerne vorlesen möchten. Sinnvoll ist es jedoch, Bilderbücher in der Kita vorrätig zu haben, die sich zum

Vorlesen und Erzählen in dieser Konstellation eignen. Hier wären beispielsweise die Bilderbuchversionen von „Pippi Langstrumpf" und „Michel aus Lönneberga" (von Astrid Lindgren[3]) passend, sowie auch das „Sams" (von Paul Maar), „Oh wie schön ist Panama" (von Janosch), als auch die Geschichte von „Nils Holgersson" (von Selma Lagerlöf). Auch jedes Wimmelbuch bietet sich zum gemeinsamen Betrachten und Erzählen an.

Denkbar ist auch ein regelmäßig stattfindendes Geschichtencafé. Ältere Menschen erzählen Geschichten und kommen mit den Kindern ins Gespräch. Dies muss gar nicht aufwendig vorbereitet werden. Die Kinder können Fragen stellen, etwa: „Warst du auch in einem Kindergarten?" oder „Hattest du einen Bruder?" und schon hat der/die Geschichtenerzähler:in einen Erzählimpuls. Vielleicht möchten die Besucher:innen auch Fotos aus früheren Zeiten mitbringen, zeigen und dazu etwas erzählen.

Bilderbuchtipps für Erzählimpulse:

- Blecher, H. (2016): Damals spielten wir noch draußen! Unsere Kinderspiele in den 50er und 60er Jahren. Gudensberg-Gleichen: Wartberg.
- Wodarz, C. (2016): Mutters ganzer Stolz! Unser Haushalt in den 50er und 60er Jahren. Gudensberg-Gleichen: Wartberg.
- Schmidt, N. (2010): Landleben in den 50er und 60er Jahren. Gudensberg-Gleichen: Wartberg.

Wahl-Großeltern

Das Seniorenheim ist sicher keine Großeltern-Vermittlungsbörse, aber es ist denkbar, dass sich besondere Beziehungen und Zuneigungen zwischen Kindern und einem/einer Bewohner:in entwickeln können. Wenn es in den Alltag passt, so ist es für alle Beteiligten eine Bereicherung, die Familie des Kindes mit einzubinden und den Kontakt auch auf privater Ebene zu pflegen.

3 Je nach Version muss hier der Text ggf. auf die kindliche Gegenwart angepasst werden.

10. Schlusswort

Kinder können viel von alten Menschen lernen, und alte Menschen profitieren von Kindern. Dabei kann die Kooperation von Alteneinrichtungen und Kitas kann einen fruchtbaren Kontakt zwischen den beiden Generationen ermöglichen. Bei der Gestaltung regelmäßiger Treffen ergeben sich vielseitige Möglichkeiten. Abhängig von der Gruppengröße und den Fähigkeiten und Interessen aller Beteiligten kann gemeinsam gespielt, gesungen, musiziert und kreativ gestaltet werden. Es gibt viele Themen, die sowohl Kinder als auch alte Menschen interessieren, beispielsweise „Vögel beobachten". Beide Generationen können aufgrund ihrer Erfahrungen und des Entwicklungsstandes viel voneinander lernen. Kinder stellen teilweise ungewöhnliche Fragen, die ältere Menschen zu Denkaktivitäten anregen können. Kinder hingegen profitieren von den Lebenserfahrungen der Menschen. Fragt ein Kind beispielsweise, ob die Kohlmeise Kohl fresse, können ältere Menschen aufgrund ihre Wissensschatzes und ihrer Erfahrung entgegnen, dass vielmehr die schwarze Färbung an Kopf und Brust an Kohle erinnere.

Die Begegnungen müssen sich jedoch nicht auf Besuche der Kinder im Seniorenheim beschränken. Neben Besuchen im Kindergarten sind auch Unternehmungen außerhalb der Altenpflegeeinrichtung denkbar, beispielsweise gemeinsame Spaziergänge.

Auch bezieht sich Intergenerative Pädagogik nicht ausschließlich auf die Kooperation von Alteneinrichtungen und Kitas. Es können auch Großeltern eingeladen werden oder es finden sich andere Senior:innen, die gerne mit Kindern zu tun haben möchten.

Ein wirkliches Kennenlernen, der Aufbau emotionaler Beziehung und das Entwickeln eines gegenseitigen Verständnisses für die Besonderheiten, die jedes Alter mit sich bringt, ist vor allem dann möglich, wenn eine dauerhafte Beziehung entstehen kann. Es wäre schön, wenn Kitas mit entsprechenden Kooperationen dazu beitragen.

11. Literatur- und Quellenverzeichnis

aerzteblatt (20221): http://www.aerzteblatt.de/nachrichten/122176/WHO-Jeder-zweite-Erwachsene-voreingenommen-gegen-aeltere-Menschen, letzter Zugriff am 27. 07. 2023.

Berger, M. (2020): Johanna Haarer – Biografie und ihre drei zugkräftigen Erziehungsratgeber im Wandel der Zeiten. Abrufbar unter: http://kindergartenpaedagogik.de/fachartikel/geschichte-der-kinderbetreuung/weitere-historische-beiträge/johanna-haarer-1900-1988/; letzter Zugriff am 27. 07. 2023.

Block, J./Fetzer, U./Lill, T./Becker, E (2019): Tod und Trauer in der Kita, abrufbar unter http://www.herder.de/kindergarten-paedagogik/kindergartenalltag/tod-und-trauer/; letzter Zugriff am 27. 07. 2023.

Brandl-Knefz, B. (2023): Die Bedeutung der Großeltern im Leben von Kindern, abrufbar unter: www.kita-fachtexte.de/fileadmin/Redaktion/Publikationen/KiTaFT_Brandl_Knefz_Grosseltern_2016.pdf; letzter Zugriff am 27. 07. 2023.

Clausen, J. (2020): Rahmenbedingungen intergenerationeller Projekte. In: Ganß, M./Narr, B. (Hrsg.) (2020): Alt und Jung im Pflegeheim. Intergenerative Projekte mit Malen, Werken und Theater. Frankfurt am Main: Mabuse.

Deutsche Alzheimer Gesellschaft e. V. (2022): htpp://www.deutsche-alzheimer.de/artikel/deutsche-alzheimer-gesellschaft-stellt-neue-zahlen-zur-demenz-vor-deutlich-mehr-erkrankte-unter-65-jahren-als-bisher-angenommen; letzter Zugriff am 27. 07. 2023.

Deutscher Liederhort III (1894): Nr. 1748b: „Musikantenspiel", aus Schlesien. Erk I, 2, 22.

Deutschlandfunk (2019): 60 Jahre Memory-Spiel – Eine Herausforderung für jeden. Jens Junge im Gespräch mit Axel Rahmlow. http://www.deutschlandfunk.de/60-jahre-memory-spiel-eine-herausforderung-fuer-jeden-100.html; letzter Abruf: 17. 10. 2023.

dpa-infocom (2020): Was Großeltern für die Enkelbetreuung bedeuten. http://www.zeit.de/news/2022-06/27/was-grosseltern-fuer-die-enkelbetreuung-bedeuten; letzter Zugriff am 26. 07. 2023.

Gerlitz, C. (2019): FAMILIE – Warum Großeltern so wichtig sind. Abrufbar http://www.spektrum.de/news/warum-grosseltern-so-wichtig-sind/1639326; letzter Zugriff am 26. 07. 2023.

Eisenburger, M. (1998): Aktivieren & Bewegen von älteren Menschen. Aachen: Meyer & Meyer.

Fromm, Else (Hrsg.) (1905): Lieder und Bewegungsspiele. Für das Pestalozzi-Fröbel-Haus zu Berlin. Hamburg: Gutenberg-Verlag Dr. Ernst Schultze. Weitere Auflagen: 1907, 1910. Ab der 4. Auflage: Teubner, Leipzig (4.) 1914, (7.) 1922, (9.) 1928.

Hoffmann von Fallersleben, August Heinrich/Prahl, Karl Hermann (1900): Unsere volkstümlichen Lieder. 4. Auflage. Leipzig: Engelmann, S. 168.

Jedermann-Gruppe o. J.: http://www.jedermann-gruppe.de/tipps-demenz-umgang/; letzter Zugriff am 27. 07. 2023.

Jettenberger, M. (2013): Malen – Erinnern – Leben. Themenimpulse für die Aktivierung alter Menschen. München: Urban & Fischer.

Jöcker, Detlev (2021): Meine schönsten Kinderlieder (ab 0–9 Jahren). Mit 80 Kinderhits. Verlag: Menschenkinder.

Jost, M.: Jung und Alt gemeinsam aktiv. Abrufbar unter: https://www.herder.de/kizz/kinderbetreuung/intergenerative-paedagogik-jung-und-alt-gemeinsam-aktiv/; letzter Zugriff am 26. 07. 2023.

Koch, K. (2012): Kreatives Gestalten mit Senioren. Über 60 Ideen zur Beschäftigung und Aktivierung. Stuttgart: Frech.

Loudon, I. (1997): Western Medicine. An Illustrated History. Oxford: Oxford University Press.

Mang, Theo/Mang, Sunhilt (Hrsg.): Der Liederquell. Wilhelmshaven: Noetzel.

Müller-Lüdenscheidt-Verlag (Hrsg.) (o. J.): 11 000 Volkslieder und 5 000 Melodien aus dreizehn Jahrhunderten. Dazu 1 600 Kinderreime, 750 Kinderspiele und 2 000 Einträge in das Liederlexikon: https://www.volksliederarchiv.de/liedergeschichten/wer-will-fleissige-handwerker-sehn/; letzter Zugriff: 26. 09. 2023.

Preetorius, Johanna (1953): Knaurs Spielebuch. München: Th. Knaur, S. 113.

Probst, Ernst (2010): Der Schwarze Peter – Ein Räuber im Hunsrück und Odenwald. GRIN.

Reiter, M. (2012): Animation und Motivation zur Freizeitgestaltung älterer Menschen. Ein Lern- und Arbeitsbuch für Pflegehilfe und Sozialbetreuungsberufe. Wien: Facultas Verlags- und Buchhandel AG.

Schubert, Franz (1821): Die schöne Müllerin. In: Sieben und siebzig Gedichte aus den hinterlassenen Papieren eines reisenden Waldhornisten.

Schwedt, Herbert (1992): St. Martin – Ein reformierter Brauch! Bräuche – Geschichte und Theorie. In: Volkskultur an Rhein und Maas 11 (1992), H. 1, S. 9–18.

Stiftung Gesundheit (2022): http://www.stiftung-gesundheitswissen.de/wissen/demenz/hintergrund.

Vahle, F. (1980): Der Liederspatz. Ein Lieder-Lese-Bilderbuch. Hamburg: Igel-Records.

von Fallersleben/Prahl, Karl Hermann (1900): Unsere volkstümlichen Lieder. 4. Auflage. Leipzig: Engelmann, S. 203.

Weber-Kellermann, Ingeborg (2002): Das Buch der Kinderlieder. 235 alte und neue Lieder: Kulturgeschichte – Noten – Text. Mainz: Schott, S. 189.

Weber-Kellermann, Ingeborg (2008). Das Buch der Weihnachtslieder. 151 deutsche Advents- und Weihnachtslieder. 12. Auflage. Mainz: Schott, S. 328 f.

Weltzien, D./Appler, A. (2012): Begegnungen: Ein intergeneratives Modellprojekt in Kindergarten heute 5_2012, 42. Jahrgang. Freiburg i. Br.: Herder, S. 26–30.

Widmann, Benedict (Hrsg.) (1854): Liederquelle. 100 Gedichte für die Jugend von Karl Enslin. Mit 1-, 2- und 3-stimmigen Original-Kompositionen und Volksweisen. Zweites Heft. G. W. Körner, Erfurt und Leipzig, S. 40 f.

Wolters, Gottfried (Hrsg.) (1962): ars musica. Band 1: Singbuch. Wolfenbüttel: Möseler, S. 166.

Weitere Internetquellen

https://www.bpb.de/shop/zeitschriften/apuz/28642/zur-bedeutung-von-altersstereotypen/; letzter Zugriff am 26. 07. 2023

http://www.stiftung-gesundheitswissen.de/wissen/demenz/hintergrund; letzter Zugriff am 27. 07. 2023.

http://www.kirche-entdecken.de/altarraum/die-kirchenfenster; letzter Zugriff am 27. 07. 2023.

http://www.mein-schoener-garten.de/lifestyle/natur-tiere/vogelfutter-selber-machen-33331; letzter Zugriff am 27. 07. 2023.